D1668836

La Scrittrice più Famosa del Mondo

NICOLETTA GRAMANTIERI

IL LIBRO DI VERENA

illustrazioni di Ilaria Urbinati

MONDADORI

www.ragazzimondadori.it

© 2017 Mondadori Libri S.p.A., per il testo e le illustrazioni
Prima edizione settembre 2017
Stampato presso ELCOGRAF S.p.A.
Stabilimento di Cles (TN)
Printed in Italy
ISBN 978-88-04-67989-9

La cosa che amo di più

La seconda cosa che amo di più è portare la barca a vela.
Ho iniziato quando avevo sei anni facendo un corso
estivo. Il babbo mi accompagnava in spiaggia ogni mattina e mi consegnava all'istruttore. Navigare mi piacque subito. Adoravo toccare l'optimist. L'optimist è la

barca con cui di solito cominciano i bambini: piccola, inaffondabile, facile da governare. Mi piacevano le parole che indicano le parti della barca: il boma, la randa, il fiocco, la scotta. Ancora di più mi piacevano i verbi che descrivono le azioni: strambare, cazzare, virare, poggiare. E poi adoravo dirmi che ero io, proprio io, a decidere la direzione che la barca doveva seguire. Il mondo della vela mi appariva pieno di certezze. Mi piacque anche perché conobbi Tullio.

Era l'estate in cui la mamma era diventata famosa. Aveva scritto un libro e se ne stava sempre in giro a presentarlo e a firmare autografi. Il babbo doveva tenere aperto il negozio di ferramenta e quindi occorreva che io fossi impegnata il maggior numero di ore possibile. Mi iscrissero a un centro estivo, ma dopo il primo giorno piansi così tanto che rinunciarono. Fu per quello che capitai alla scuola di vela.

A fine estate io e Tullio chiedemmo entrambi di continuare. Sono passati quasi sei anni da allora e adesso siamo proprio bravi. Ci contendiamo sempre il primo posto nelle gare locali e non ce la caviamo per niente male nemmeno in quelle nazionali. Mi devo impegnare con tutta me stessa per batterlo. Lui prende la vela molto sul serio, si allena con più costanza rispetto a me, e poi è più robusto e ha maggiori conoscenze. Superarlo, insomma, mi fa sentire ogni volta orgogliosa.

Così quella domenica di un paio di mesi fa ero proprio contenta quando capii che sarei arrivata prima, alzai una mano in segno di vittoria e guardai verso il molo in cerca di Delia.

Delia è la mia migliore amica, sono moltissimi anni che ci conosciamo e non si è mai persa una mia gara. È sempre sul molo ad attendermi ed è sempre lei la prima persona che vedo quando la barca non richiede più tutta la mia attenzione. Se ne sta lì, sul bordo della massicciata, agitando le braccia tra salti e grida. Io sorrido mentre rallento e imbocco il corridoio di boe che le imbarcazioni devono percorrere per tornare alla spiaggia.

Dopo, andiamo al baracchino sul lungomare a mangiare una piadina. Ne ordiniamo una al prosciutto per me e una al salame per lei, e poi ce ne dividiamo una di quelle sottili che ti servono arrotolate con dentro la crema di nocciole.

Ci sediamo sul muretto e mentre mangiamo non smettiamo un attimo di parlare. Chiacchieriamo della scuola, certo, dei compiti e dei compagni, ma anche della vela e della pallavolo, perché Delia gioca in una squadra e sta sempre a lamentarsi per il tempo che trascorre in panchina, o a gioire per quello che l'altra palleggiatrice passa seduta a guardarla giocare. Soprattutto, però, ci raccontiamo storie. Anzi, a voler essere precisi, io invento delle storie e Delia mi ascolta rapita.

Quel giorno, dopo la gara, sapevo che ci saremmo appollaiate sul nostro muretto e, tra un boccone di piadina e l'altro, avrei imbastito racconti di assedi e ritirate, di fughe, di labirinti e di segreti. Raccontare e mangiare allo stesso tempo mi dà grande soddisfazione, e se poi Delia è con me, c'è tutto quello di cui ho bisogno.

Ad attendermi sul molo, però, Delia non c'era. Non è difficile distinguerla anche in mezzo a una folla, perché di solito indossa felpe, giacche e magliette molto colorate. Guardai meglio: pensai che mi stesse facendo uno scherzo, o che qualcosa l'avesse fatta tardare.

Ci misi parecchio tempo, una volta a riva, a sistemare l'optimist. La barca bisogna lavarla accuratamente con l'acqua dolce, incluse le vele.

«Non c'è la tua amica oggi?» mi chiese Tullio. Stavamo mettendo al riparo le barche.

«Avrà avuto qualche problema, non mi ha detto niente» minimizzai. Mi sentivo imbarazzata, sapevo sempre tutto dei programmi di Delia, così parlai in fretta, guardando a terra, anche perché un po' mi vergogno di non avere il cellulare. La mamma ha deciso che siccome Elettra, mia sorella, l'ha avuto soltanto in terza media, anch'io l'avrò solo allora.

Elettra ha sei anni più di me e la mamma non capisce che sei anni fa le cose erano molto diverse. Sono l'unica nella mia classe a non avere un telefonino.

«Se vuoi vengo io al baracchino con te.» Tullio è così, cerca sempre di sistemare le cose, ma io risposi che non importava.

«Forse Delia mi aspetta a casa» gli dissi. «Dai, ci vediamo domani.»

Lui calciò un sasso e rispose: «Come vuoi». Poi si allontanò passandosi una mano fra i capelli. È un gesto che fa spesso. Li porta cortissimi, glieli taglia sua madre con il rasoio elettrico. Qualche volta li ha lasciati toccare anche a me. Fanno il solletico sul palmo, sono morbidi e ruvidi assieme, un po' come la lingua del gatto. Anche Tullio è mio amico, ma con Delia è un'altra cosa.

Pedalai in fretta verso casa, percorsi il viale, attraversai la piazza e imboccai a tutta velocità la stradina in cui abitiamo. A quell'ora la città era deserta, e nel silenzio del primo pomeriggio sentivo provenire dalle case rumori di piatti e posate. È così solo d'inverno, in estate i turisti ciabattano a ogni ora per le strade. Il babbo dice che è un po' come vivere in due città diverse.

La nostra casa si trova proprio in fondo alla via. È vecchia, con un piccolissimo giardino sul davanti, utile per appoggiare la bici e veder fiorire in primavera l'aiuola che il babbo ama tanto. Entrai correndo e gridai: «Mamma, mamma, ha telefonato Delia?».

La mamma non rispose. Chiamai più forte e ancora non rispose. Non ho il permesso di entrare nella stanza in cui lavora.

Lo so che sembra una cosa strana. Il fatto è che la mamma scrive. Scrive a lungo, ogni giorno. Sono cinque anni che cerca di dare vita a un altro romanzo di successo, cinque anni che, ogni mattino, cancella tutto quello che ha scritto. Io e il babbo ci siamo abituati: ci muoviamo per casa in silenzio, e quando la vediamo scendere scuotendo la testa e giurando che il giorno successivo sarà quello giusto, le offriamo tè e biscotti e sorridiamo.

Così mi feci un panino, mi sedetti sul divano e accesi la tv, tenendo il volume basso. Era domenica, ma il babbo era in negozio a fare l'inventario.

Le altre famiglie la domenica a pranzo si siedono attorno a un tavolo e magari il pomeriggio fanno qualcosa insieme. Noi non siamo così. La mamma è molto fiera della mia indipendenza. Racconta sempre di quanto si possa fidare di me, di come io sia responsabile e in grado di prendere autonomamente le decisioni che mi riguardano, di come sappia occuparmi di pranzi e cene, e aiuti il babbo in ferramenta.

A me sembra che i suoi racconti provochino puntualmente uno sguardo di compassione negli occhi di chi ascolta. Allora mi stringo nelle spalle e faccio un sorriso rassicurante. In realtà la situazione non è così male come pensano gli adulti. Lo capiscono bene i miei compagni che mi invidiano un sacco questi genitori sempre presi dalle loro attività.

Mentre mangiavo il panino tendevo l'orecchio verso il telefono, sicura che Delia mi avrebbe chiamato. Ancora non sapevo che quella telefonata che non arrivava era il primo di una serie di eventi che avrebbero cambiato la mia vita.

Le mamme possono essere molto faticose

Da un certo punto di vista la storia dell'amicizia fra me e Delia è molto normale. Ci siamo conosciute alla materna, siamo state compagne di banco alle elementari, abbiamo fatto torte di fango e bruciato biscotti, abbiamo festeggiato insieme tutti i compleanni, ci siamo per-

se in un parco durante la gita di terza e abbiamo scelto di stare in classe assieme anche alle medie.

Da un altro punto di vista, invece, la nostra storia è proprio speciale.

Il primo anno di materna odiavo la scuola. Non mi piaceva modellare la plastilina, non amavo disegnare, non volevo stare seduta in cerchio con gli altri bambini e nemmeno giocare con le costruzioni. Più di tutto non sopportavo il gioco libero. Tutti correvano, si spintonavano e urlavano. Io, al contrario, me ne andavo nella classe dei grandi. Era molto più bella della nostra, più luminosa e silenziosa e, tutto attorno alle pareti, erano appese le lettere dell'alfabeto. Me ne stavo in un angolo mentre la maestra le mostrava ai bambini: «Questa è la A. Che cos'è questa?».

«La A» rispondevano in coro.

Imparai a riconoscere ogni lettera. Passavo un sacco di tempo con la testa in aria a nominarle. Un giorno la classe dei grandi prese fogli e matite e iniziò a ricopiarle.

Rimasi a guardarli e poi, a casa, provai a fare lo stesso. A scuola mandavo a memoria la forma delle lettere per poterle poi tracciare sul foglio. Questo sì, era un gioco che mi piaceva.

Mi piacque anche di più quando sulla pagina una I finì vicino a una O. Se leggevo le lettere una di seguito all'altra, smettevano di essere solo lettere e diventavano una parola. «IO» lessi a voce altissima e poi iniziai a leggere di tutto: le insegne dei negozi, i titoli dei giornali, i cartelli stradali, i nomi sui flaconi dei prodotti per le pulizie. Scrivere e leggere divennero una vera ossessione.

Tutti mi dicevano: «Guarda che brava» e più me lo dicevano più io scrivevo. Scrissi prima parole e poi frasi. Le parole che scrivevo potevo anche leggerle e quelle parole erano uguali a quelle dei libri. Così iniziai a sfogliare le pagine dei romanzi che leggeva Elettra, che a quei tempi faceva la quarta elementare.

Nei libri le parole raccontavano storie. Lessi *La magica medicina, Emil, Rasmus e il vagabondo, L'incredibile storia di Lavinia* e soprattutto lessi di una bambina che si chiamava Matilde e che, come me, aveva iniziato a leggere da piccolissima. Lei possedeva anche capacità che io non avevo, ad esempio spostava gli oggetti con la forza del pensiero. A lungo mi convinsi che potesse succedere anche a me e fui delusa dai miei fallimenti.

Fu in quel periodo che divenni amica di Delia. A casa passavo le serate a leggere e al mattino, a scuola, mi sistemavo su una seggiolina e raccontavo agli altri seduti attorno a me quello che avevo letto. Il mio pubblico era numeroso, i miei compagni ridevano dell'anello di Lavinia e del lampadario trasformato in cacca, erano schifati dall'orrido intruglio che George propinava alla nonna e tremavano all'idea che Emil potesse soffocare con la testa infilata dentro la zuppiera.

A Delia, invece, la scuola dell'infanzia piaceva. Non si stancava mai di colorare, di giocare alla cucina e al cantiere, di correre con gli altri in giardino, di spingersi e di ridere. Mi confida, adesso, che a casa nessuno mai le aveva raccontato storie o letto libri per bambini e che all'inizio fece fatica a lasciare tutto quel correre per sedersi ad ascoltare.

Poi, però, fu presa da una specie di passione. Le sembrava, mi diceva, che stare nelle storie fosse la cosa più bella del mondo.

«È come partire per un viaggio, ogni giorno un viaggio diverso.» Lei era sempre la prima a sedersi nel cerchio quando iniziavo a raccontare. Così cominciò a starmi vicino e a chiedermi altre storie.

Ci nascondevamo sotto un tavolo, dietro un cespuglio, dentro la casetta nel parco. Io raccontavo e lei ascoltava. Non avevo mai avuto un'amica e mi parve bellissimo. Mi piaceva camminare dandole la mano, sedermi vicino a lei per disegnare e vederla corrermi incontro la mattina.

Pregammo le nostre mamme di farci frequentare anche al di fuori della scuola e da allora condividemmo merende, domeniche ai giardini o in spiaggia, e poi teatro e aquiloni, insomma, tutto quello che fanno i bambini. In più noi avevamo le storie.

Sentii un rumore alle mie spalle. La mamma stava scendendo le scale.

«Sei qui?» mi chiese. Lei è così, fa spesso domande inutili. Certo che ero lì, sul divano. La guardai, aveva in mano una tazza di caffè. Ne beve tanto mentre scrive.

«Ha telefonato Delia?» le domandai.

Mi diede un bacio sulla testa. «Non ho sentito suonare il telefono. Sei uscita stamattina?»

«Avevo la gara, mamma, ricordi? Ne abbiamo parlato ieri a cena.»

«Oh sì, scusa. Il fatto è che oggi sono finalmente riuscita a trovare un inizio giusto e ho lavorato proprio bene. Ma adesso che me lo dici, sì, ne abbiamo parlato ieri. Com'è andata?»

Che avesse lavorato bene era una novità. Di solito a quest'ora è scontenta e ci comunica di aver buttato via un'altra giornata. Il babbo la consola sempre, ma forse oggi non ce ne sarà bisogno.

«Bene, mamma, molto bene, ho vinto.»

Mi abbracciò. «Fantastico, tesoro. Sono così fiera di te, del fatto che questa tua grande passione ti dia tante soddisfazioni. Io non ho avuto la stessa fortuna. Non riesco a stare senza scrivere, ma come vedi non concludo niente.»

Succede sempre così con la mamma. Di qualsiasi cosa si stia parlando, si finisce per tornare su quello che in famiglia chiamiamo "Il Grande Blocco", sulla sua incapacità di scrivere che dura ormai da cinque anni.

Io le lascio credere che la mia passione sia la vela, non le racconto mai di quanto mi piaccia inventare storie. Che io sia brava in italiano lo sa: firma le mie pagelle ed è molto fiera del fatto che a tre anni sapessi già scrivere *cacciavite a stella* senza sbagliare le doppie, ma non le do motivo di sospettare che sia proprio creare storie la cosa che mi piace di più al mondo. Più della vela.

In realtà credo che potrei anche darle qualche consiglio. Lei se ne sta tutto il giorno chiusa nel suo studio a *inventare*. Io credo che invece dovrebbe sforzarsi di *assemblare*. Io le storie non le invento. Amo vedere quello che succede attorno, ascoltare le conversazioni, indovinare le relazioni.

In spiaggia, d'estate, trascorro molto tempo a origliare le chiacchiere fra le signore, a guardare i movimenti dei ragazzi e delle ragazze al bar, a ridere degli aneddoti che il bagnino racconta a voce alta agli avventori che si siedono per ordinare un gelato o una bibita fresca.

Ho una faccia speciale per queste cose. Delia la chiama "la mia faccia da bambina buona". Me ne sto lì con lo sguardo perso, la bocca semiaperta, e so di sembrare completamente assorta in qualche pensiero.

Intanto raccolgo aneddoti, osservazioni, vicende. Tendendo l'orecchio ai discorsi di una corpulenta signora milanese, anni fa, venni a conoscenza del fatto, per esempio, che si potessero amare due persone contemporaneamente. Ascoltando lo sbraitare di un signore toscano compresi che, se si aveva un animo sventato, capitasse di spendere soldi che non si possedevano, da due ragazze bionde e abbronzatissime appresi che era bellissimo girare per il mondo anche senza denaro e da una signora di una certa età seppi che si poteva provare rimorso dopo decenni per un piccolo furto compiuto in un negozio. Ho ascoltato anche cose molto tristi: la fatica di vivere che si prova dopo la morte di una persona cara, il dolore che provocano i litigi e le rotture tra fratelli o cari amici. Ho origliato, però, anche felicità. La gente parla spesso di amori, di esami andati a buon fine, di come sia venuta buona quella torta o di come da quel brutto filato azzurro la nonna sia riuscita a sferruzzare un capo che sembrava uscito da un atelier di alta moda. Così, ho una specie di repertorio pressoché infinito che si attiva quando decido di mettere insieme una storia. Quindi direi alla mamma: "Esci, guarda, ascolta". Invece lei sta lì nel suo studio e finisce per riscrivere ogni giorno un inizio simile a quello del libro che l'ha resa famosa, piuttosto che qualcosa di nuovo.

Queste cose non gliele dico, non le confesso nemmeno il piacere che provo a raccontare le storie e la facilità con cui mi si presentano. Temo che si offenderebbe. Vuole essere lei la scrittrice in famiglia.

L'anno scorso Elettra vinse il terzo premio a un concorso di poesia indetto dalla scuola. Niente di che, aveva scritto una di quelle stucchevoli poesie d'amore in cui, anche se non era giunta così in basso da fare rimare cuore con amore, aveva descritto gli occhi dell'amato come stelle quiete e i capelli come un campo di frumento. Comunque aveva vinto, era orgogliosissima e festeggiammo. Il babbo arrivò con una grossa vaschetta del *Fiore d'oro*, la migliore gelateria della città.

Elettra ci lesse la poesia e noi le battemmo le mani. La mamma non finiva più di baciarla, ma la sua felicità sembrava impastata con un po' di tristezza. Ci disse che forse anche lei avrebbe dovuto provare con la poesia e ci lasciò presto per chiudersi nel suo studio.

Il babbo, Elettra e io continuammo a festeggiare e andammo anche a mangiare una pizza prima di accompagnarla alla fermata dell'autobus. Ah già, non vi ho detto che Elettra non vive più con noi. Ha scelto un liceo, "un *ottimo* liceo" dice la mamma, che si trova in una città vicina, e si è trasferita dalla zia Carla che abita là. La zia Carla è una delle sorelle del babbo e ha una figlia, Paola, che ha la stessa età di Elettra. Tutti le chiamano "le cugine gemelle", anche se io non trovo che abbiano chissà quali cose in comune, ma sono sempre state molto unite e questa convivenza, ora, le rende davvero felici.

Insomma, tornando alla mamma, io non le dico proprio niente della mia passione per le storie. Magari lo farò quando sarà riuscita a scrivere un nuovo romanzo di successo.

Penserete che sia faticoso avere una mamma così. Be', a volte lo penso anch'io.

La mia barca scuffia

Quel pomeriggio Delia non mi telefonò. E nemmeno quella sera.

Per distrarmi accesi il computer e navigai un po' su un nuovo sito che si chiamava Webplot ed era pieno zeppo di storie. C'erano molti scrittori esordienti che

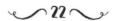

pubblicavano lì i loro romanzi, a mano a mano che li scrivevano.

Seguivo soprattutto due storie, una di fantascienza e un giallo, ma mi piaceva anche leggere quelle nuove, appena iniziate.

Delia adorava quel sito. Ce l'avevano fatto conoscere Cora, Amina e Ida, tre nostre compagne di classe. Era successo un paio di settimane prima, al mattino fuori dalla scuola, mentre stavamo legando le biciclette alla cancellata.

«Elide, non puoi immaginare, ho trovato un sito fantastico, pieno di storie.»

Delia, l'avrete capito, è un'entusiasta: per lei è tutto bello, fantastico, eccezionale.

«Ne hai trovato uno anche la settimana scorsa» dissi. La chiave si era incastrata nel lucchetto e mi dovevo impegnare per tirarla fuori.

«No, non hai capito, questo è speciale. Ci sono un sacco di autori che scrivono dei romanzi e tu leggi un capitolo al giorno, e nel frattempo puoi commentare e vedere i commenti degli altri.»

Mentre parlava continuava a spostarsi i capelli dal viso. Se dovessi rendere perfettamente il modo di esprimersi di Delia dovrei usare molti punti esclamativi. Non mi piacciono, però, i punti esclamativi, quindi tutto lo stupore, l'incredulità e la contentezza dovete immaginarli voi che leggete.

«Vuoi una molletta?» le chiesi.

Si scostò di nuovo una ciocca. «No, li preferisco così.»

Noi due abbiamo sempre amato le mollette per capelli. Ne abbiamo di ogni forma e colore, ce le scambiamo e regaliamo. Abbiamo passato ore a decidere quali stessero meglio sui suoi, che sono biondi, e sui miei, che sono castani. Il fatto che non le portasse più avrebbe dovuto farmi capire che le cose stavano cambiando.

La chiave finalmente uscì dal lucchetto mentre Ida, Amina e Cora si avvicinavano. Ida, Amina e Cora si avvicinano sempre, sono come quei personaggi dei libri che ripetono perennemente le stesse azioni e tutto quel ripetere fa ridere. Invece nella vita reale no.

«Anche loro lo trovano strepitoso. Ci piacciono le stesse storie.»

Le tre annuirono.

«Come avete fatto con i vostri genitori? Gliel'avete detto?» Riconosco che forse questa domanda fu dettata dalla gelosia. Facevo fatica ad accettarlo e non l'avrei mai ammesso con nessuno, ma non amavo condividere Delia con loro tre. Sapevo di toccare un punto dolente: gli altri ragazzi, anche per l'accesso a Internet, non hanno le stesse libertà che ho io. Anche se non possiedo un cellulare, ho un computer tutto mio, senza limiti di orario né programmi che limitino le mie ricerche o i siti che posso visitare. Non so, sinceramente, perché i miei pensino che un cellulare non sia adatto a una ragazza di undici anni mentre trovano legittimo che io abbia un computer e possa farne l'uso che voglio.

Cora alzò la testa come se fosse un soldato: «Certo, per registrarsi serve un indirizzo di posta elettronica, e mio papà ha messo il suo».

Ida invece guardò il selciato e le orecchie le diventarono un po' rosse. Di sicuro era riuscita a crearsi un account senza dire niente ai suoi genitori. Amina è più furba e ridacchiava mentre metteva un braccio attorno alle spalle di Delia: «Io ho detto che serviva per una ricerca scolastica».

Mi accorsi che tutti, a scuola, erano appassionatissimi alle storie del sito: qualcuno le leggeva tenendo il telefonino sotto il banco, rischiando una nota, e a ricreazione si formavano gruppi di ragazzi che leggevano insieme lo stesso romanzo. Anch'io cominciai a frequentare molto spesso Webplot, soprattutto per avere argomenti di conversazione con Delia. Temevo che si stancasse delle mie storie, mentre sul sito poteva leggerne quante ne voleva per poi parlarne con le sue nuove amiche. Era, diceva, alla ricerca della Storia Perfetta, quella fatta apposta per lei, ed era sicura che sul sito prima o poi l'avrebbe trovata.

Avrei voluto dirle che le storie perfette erano quelle che io creavo per lei. Nessuno la conosceva bene come me, erano otto anni che gliele raccontavo, e sì, adesso ero un po' gelosa anche di quel sito.

Il mattino dopo la gara la trovai che mi aspettava in piazza. Era seduta sul basamento del monumento ai caduti, la bici appoggiata ai gradini. Quando mi vide si alzò e mi venne incontro.

«Scusa, scusa se non sono venuta» disse mentre mi abbracciava, «lo so che dovevo avvertirti, ma mi sono fatta prendere, lo sai come sono.» Delia ha sempre un buon profumo, come di brioche appena sfornata.

Mi raccontò che aveva promesso da tempo a Cora di visitare il suo maneggio, e Cora le aveva telefonato proprio la domenica mattina per invitarla. Aveva dovuto decidere in fretta, temendo di offenderla con un rifiuto, e sia Ida sia Amina avevano già accettato. Naturalmente Cora le aveva detto di estendere l'invito anche a me, ma Delia le aveva spiegato che avevo la gara.

«È stato bellissimo, Elide, la prossima volta devi venire. Vedessi come cavalcano tutte e tre. A me hanno dato un cavallo mansueto. La mamma di Cora ci ha preparato dei panini, abbiamo fatto una passeggiata lunghissima e ci siamo fermate a cena e abbiamo visto un film. Non sei arrabbiata, vero?»

Teneva la testa bassa, guardandomi da sotto in su. Non mi arrabbio mai con lei, so che qualsiasi cosa accada io resto sempre la sua migliore amica. Quindi l'abbracciai e pedalammo fino a scuola chiacchierando. Non la finiva più di raccontarmi dei cavalli, degli stivali, del papà di Cora che nei passaggi difficili prendeva le redini del suo cavallo, del male al sedere che aveva adesso e ancora di quanto tutto fosse stato bellissimo, anzi più che bellissimo, straordinario. Anche nell'uso delle parole Delia è un'entusiasta. Ogni tanto nelle mie storie inserisco dei personaggi che parlano così, ma lei non se ne accorge.

Cora, Amina e Ida si avvicinarono correndo.

«Ti ha detto cosa ti sei persa ieri?» mi chiese Amina.

«È stato fantastico, eccezionale» aggiunse Ida, e anche qui dovrei usare un sacco di punti esclamativi.

Ida ha la voce che sembra uno squittio e gesticola molto mentre parla. A me fa proprio ridere, ricorda un personaggio dei cartoni animati.

Dentro la mia testa io le chiamo "le Tre". Se fossimo in un libro sarebbero antipatiche, stupide e curerebbero alla perfezione il loro abbigliamento. Invece sono simpatiche, gentili, si vestono sempre come se fossero sul punto di salire a cavallo e tutti vogliono stare con loro, compresi quelli di terza.

Per questo Delia è così felice di questa nuova amicizia. Mi dice sempre: «Siamo state fortunatissime, anzi superfortunatissime a conoscerle, che bello che siano proprio nella nostra classe».

Io le rispondo che certo, è bello averle come amiche. Dentro di me, però, penso allo scorso anno. In quinta elementare non avevamo bisogno di altre amiche. Le amiche eravamo io e lei, e forse preferivo così. Quando siamo con altre persone io non so mai cosa dire, ascolto molto, ma spesso non mi interessano tutti quei discorsi di cavalli e di canzoni che si sentono nei locali il sabato sera e di consigli comunali.

Sì, il fatto è che le Tre sono così popolari che Cora è stata eletta nel Consiglio Comunale dei Ragazzi. Non era mai successo a una di prima, e lei racconta di queste riunioni con il sindaco e gli assessori in cui viene chiesto il suo parere sulle piste ciclabili, sulla raccolta differenziata, sulla parte di budget da destinare alla cultura per i ragazzi. Ida, invece, ha un fratello che suona in un gruppo e tutte loro sono esperte di queste band di liceali, ne parlano scuotendo i capelli e cantano canzoni che io non ho mai sentito.

Ecco, finisce che mi dispiace vedere che a Delia tutte quelle cose interessano e mi convinco che sono io a non essere giusta.

Mi invitarono a studiare con loro quel pomeriggio, ma dovevo andare al circolo di vela. Non ero serena e sbagliai molte manovre. Faceva freddo, la barca scuffiò, caddi in acqua e faticai a risalire.

«Com'è andata poi con la tua amica?» mi chiese Tullio.

Feci spallucce: «Bene, non era riuscita ad avvertirmi che aveva un impegno».

«Con quelle tre vostre nuove amiche, immagino.» Tullio capisce sempre tutto, a volte mi spaventa un po'. «A te non piace stare con loro?»

Si era alzato un vento che mi arruffava i capelli davanti alla faccia. Mentre parlavo mi entravano in bocca. Cercai delle mollette nella tasca dei jeans e mi fermai i ciuffi svolazzanti ai lati della testa. Tullio si chiuse la cerniera della giacca. Gli dissi che mi piaceva, ma che mi mancava molto il tempo che io e Delia passavamo insieme prima, a raccontarci storie. Stavamo trascinando le barche sui carrelli verso la rimessa.

«È che, se lei non le ascolta, è inutile che io le inventi.»

«Allora ne devi scrivere una bellissima. Una storia di cui lei non possa fare a meno.»

Rise, perché stava scherzando, ma io presi quelle parole sul serio. Molto sul serio.

Una principessa guerriera

Trascorsi la serata su Webplot. La mamma scriveva e il babbo era a una riunione dell'Associazione Commercianti. Mi rimpinzai di storie, in modo da poterne parlare il giorno dopo con Delia e le Tre.

Verso le nove suonò il telefono. Era mia sorella.

Elettra chiama spesso e passiamo un sacco di tempo a chiacchierare.

Anche lei è un'entusiasta. I suoi entusiasmi, però, riguardano soprattutto le sue vicende sentimentali.

«Elide» mormorò, «mi sono innamorata.»

Io risi. «Adesso mi dirai che questa volta è diverso e che lui è fantastico e che hai le farfalle nello stomaco.»

«Sì, è proprio così. Come fai a saperlo?»

Mi aveva detto la stessa cosa la settimana prima e anche quella precedente. «Sono un'indovina.»

Devo ammettere però che questa volta non sembrava come le altre. Di solito sono i ragazzi a farsi avanti. Elettra è molto bella: somiglia alla mamma, e ha gli occhi di due colori diversi, uno nocciola e uno verde, una particolarità che ai ragazzi piace tantissimo. E poi è gentile e sorridente.

Elettra si innamora sempre un po', ma per pochissimo tempo. Alla fine spiega al ragazzo di turno che si era sbagliata, che era stata troppo frettolosa, ma lo fa in un modo dolce, pieno di premura, e finisce che si sentono tutti dei privilegiati per averle potuto tenere la mano anche solo per qualche giorno. Mi ha detto che non ha mai baciato nessuno.

Questa volta invece il ragazzo, che si chiamava Osvaldo, non era caduto ai suoi piedi. «Lo guardo da lontano» mi raccontò Elettra. «Anche lui ogni tanto mi guarda, ma non si avvicina. Alcuni suoi amici mi hanno detto che sta con una più grande, una che adesso studia, mi pare, un anno in Germania. Ma sabato sera vado a una festa e so che ci sarà anche lui. Dillo tu alla mamma che non torno a casa questo fine settimana.»

La lasciai piena di speranze e aspettative. Lessi ancora un po', soprattutto la storia di fantascienza che sapevo piacere tanto a Delia.

Anche lei quella sera aveva letto molto e il mattino dopo a scuola fu tutto un "Hai letto questo? E quanto è bello quello?". Cora, Amina e Ida ci ascoltavano e sorridevano, faticando a inserirsi nei nostri fitti discorsi. Anche durante la lezione di storia Delia continuò: mi mandava bigliettini, voleva sapere quali fossero i miei personaggi preferiti e mi consigliava nuove storie da leggere.

Mi piace molto vederla contenta. Poi però la prof ci beccò, ci confiscò i bigliettini, ci fece un predicozzo sull'importanza di stare attenti in classe e bla bla bla, che adesso eravamo alle medie e non era più come alle elementari. Ci guardò con gli occhi bui e ricominciò a parlare della nascita di Roma.

La nostra insegnante di italiano e storia, la professoressa Mengatti, è buona, paziente e giusta, che per me sono qualità importanti. Adoro le sue lezioni di italiano, mi piace quando ci fa leggere l'antologia e come si infiamma per l'epica. Ho sempre avuto una passione per la storia di Roma: avevo letto tutto ciò che si trovava in biblioteca e poi avevo preso in prestito tutti i film e i documentari, così mi stampai un bel sorriso sulla faccia, iniziai a fissare la prof annuendo ogni tanto e pensando ai fatti miei.

Spesso Delia mi guardava e mi faceva l'occhiolino. Al terzo occhiolino mi venne in mente il suggerimento di Tullio e pensai che, certo, avrei scritto un romanzo per lei. Su Webplot potevo farlo. Avrei scritto la Storia Perfetta che stava aspettando.

Non stavo nella pelle e durante la ricreazione indagai.

«Mmm, quelle che adoro di più ora sono le storie fantasy» mi rivelò Delia. «Solo che mi piacerebbe che qualche volta ci fosse una principessa guerriera.»

Cora, Amina e Ida si dissero d'accordo. Cora affermò che anche a lei l'idea di una principessa guerriera sarebbe piaciuta davvero. «E che vada benissimo a cavallo» aggiunse.

«Ci sono molti romanzi con principesse guerriere» risposi addentando la mela che la mamma, in uno di quegli attimi sporadici in cui decide di doversi occupare di me, mi aveva costretto a portare a scuola.

«Io vorrei un'eroina forte ma con delle fragilità, intelligente e sensibile» disse Delia, e di nuovo si tolse i capelli dalla fronte. «Come me.»

È buffo che, dopo tutti i libri che ha letto, i film che ha visto e le storie che ha ascoltato, Delia preferisca sempre le trame più semplici. A volte mi sembra che non sia passato un giorno da quando, alla materna, mi ascoltava con gli occhi spalancati.

Mi capita di desiderare di tornare a quei momenti. Se fossi il personaggio di un libro chiamerei quello "il mio periodo d'oro". Ero molto popolare, perché non c'erano tanti bambini che a tre anni leggevano e scrivevano. Mi piaceva essere così speciale, e in realtà le cose andarono abbastanza bene fino alla fine della seconda elementare. Il fatto era, come disse la mia maestra, che a volte risultavo un po' supponente.

Era vero: correggevo i compagni e gli adulti se usavano i verbi in modo sbagliato. Tutti in terza iniziarono a chiamarmi secchiona. Tutti tranne Delia, perché più di ogni cosa amava le storie che le raccontavo, e in quegli anni aveva sempre fatto il possibile perché anche gli altri mi trovassero simpatica. Era grazie a lei se avevo avuto una vita sociale normale. Fosse stato per me avrei continuato a leggere, a scrivere, ad andare in barca a vela e a essere brava a scuola, senza curarmi troppo di quello che succedeva attorno, e mi sarei sentita molto sola.

Quindi ora, se lei voleva la storia di una principessa guerriera, le avrei regalato la più bella storia di una principessa guerriera che fosse mai stata scritta.

L'ombra del canto

«Ma cos'hai oggi, Elide? Hai messo i bulloni del quattro nella scatola di quelli del sei.» Il babbo era stupito: quando lo aiuto in ferramenta sono sempre molto precisa.

Quel giorno, però, non vedevo l'ora di iniziare la sto-

ria per Delia. Avrei lasciato che si appassionasse e poi le avrei confessato che si trattava di un regalo per lei. Mentre sistemavo i nuovi arrivi – viti, bulloni, punte di trapano, dadi, brugole, chiodi – dentro i cassettini, la mia testa si muoveva frenetica attorno alla storia che avrei iniziato a scrivere.

Il babbo era particolarmente soddisfatto dell'acquisto di un nuovo tipo di punte di trapano e me le mostrava con orgoglio. «Queste» mi diceva «forano il cemento armato senza nemmeno surriscaldarsi.» Io pensavo alle punte infuocate delle lance che avrebbero seguito dentro il bosco una principessa guerriera.

Provavo a rispondere: «Sì, così Angelo, quello che lavora al Bagno Sirenetta, potrà finalmente fissare gli attaccapanni nelle cabine senza dover ricorrere a tutte quelle parolacce. Cosa dici, gli telefono?».

Il babbo mi accarezzava la testa ed era contento di me. La ferramenta è la sua passione, e il suo sogno è che sviluppi anch'io lo stesso entusiasmo. «Pensa, quando finirai la tua carriera di velista, avrai qui il tuo negozio che ti aspetta. Un lavoro sicuro per cui sei veramente portata.»

Non ho mai avuto il coraggio di dirgli che non avrò

nessuna carriera da velista e neppure da commerciante, e che la cosa che amo davvero è scrivere.

Il lavoro della mamma lo rende infelice, lo so. Lui soffre nel vederla triste o preoccupata. «Il lavoro, quello vero» mi dice quando siamo soli, «si deve poter toccare.» E mentre parla, per rafforzare il concetto, immerge le mani in un sacco di mangime o scuote ritmicamente una scatola di chiodi come una maraca.

È per non deluderlo che trascorro almeno un pomeriggio alla settimana in ferramenta con lui "a imparare il mestiere", come non manca mai di ricordare ai clienti.

Quella sera entrai su Webplot e creai il mio profilo di scrittrice.

Nome: Verena Moomin.
Età: 40.
Professione: artista.

Non misi nessuna foto. Scrissi che vivevo con i miei gatti. Sembra che tutte le scrittrici vivano con i loro gatti. Aggiunsi qualcosa su un giardino e qualche peonia. Lo so, sono stereotipi, ma se tutti li usano è perché funzionano. Il nome Verena l'ho trovato in un vecchio romanzo che la mamma rilegge spesso. L'ho letto anch'io, si intitola *Le bostoniane*. L'ha scritto un autore che la mamma definisce un genio. I Moomin sono invece dei personaggi di libri che leggevo alla scuola materna. Sono delle specie di piccoli troll. Io e Delia abbiamo divorato le loro storie.

Sotto lo pseudonimo Verena Moomin iniziai così a scrivere il primo capitolo.

Raccontai di una principessa guerriera che si chiamava Dahlia, cresciuta in un castello senza l'affetto di una madre ma circondata dall'amore del padre, un re intenzionato ad ampliare i suoi possedimenti e convinto che anche le donne debbano saper combattere. Così Dahlia trascorre l'infanzia fra impegni di corte e addestramento militare.

Il suo maestro d'armi è un uomo buono e un valoroso guerriero, messo a riposo dopo aver riportato serie ferite in battaglia. Ha un figlio che cresce insieme a Dahlia, si chiama Brando e sogna di diventare il cavaliere più abile del regno, quello che condurrà l'esercito alla conquista delle terre fino alle montagne del Nord, là dove si annida un'ombra. I due ragazzi giocano e combattono, Brando è più forte, ma Dahlia più svelta.

Scrissi tutto di getto, poi tornai all'inizio. Mi piacciono i racconti pieni di dettagli quotidiani, mi sembra che i riferimenti precisi alla vita di tutti i giorni aiutino chi legge a sentirsi dentro la storia.

Allora aggiunsi la descrizione del camino sempre acceso nelle cucine, il particolare di come il fango rendesse pesanti gli stivali dei ragazzi durante l'addestramento, scrissi delle serate davanti al fuoco e dei tentativi della fantesca di insegnare a Dahlia il ricamo, dell'odore delle zuppe e della morbidezza dei materassi pieni di lana delle migliori pecore del regno.

Rilessi. Misi un titolo. Ci pensai un po' e poi scelsi *L'ombra del canto*. Ero soddisfatta e pubblicai. Schiacciare il tasto d'invio fu un gesto così semplice che non immaginai le conseguenze che avrebbe comportato.

Come segni di carbone

È per colpa di quell'invio se adesso sono qui nel cortile della scuola ad ascoltare Delia che commenta, attorniata da un capannello di ragazzi, l'ultimo capitolo che
ho pubblicato.

Ho finito per non dirle che Verena Moomin sono io.

Avrei voluto confidarglielo, ma il successo strepitoso che *L'ombra del canto* sta avendo mi ha bloccata.

In due giorni il primo capitolo ha registrato quindicimila lettori. I commenti erano entusiastici. Il terzo giorno tutta la scuola l'aveva letto e fui travolta dall'impeto di Delia, che mi diceva come si sentisse vicina alla protagonista. «Hai visto? Non solo mi somiglia come carattere, ma anche il suo nome è molto simile al mio. Speriamo che arrivi presto il secondo capitolo. Non resisto, Elide, come fai a essere così tranquilla?»

Anche Cora saltellava dall'impazienza e Ida assicurava di non aver mai letto niente di così coinvolgente. Quando, due giorni dopo, pubblicai il secondo capitolo, Delia non stava più nella pelle.

Durante la ricreazione analizzava passaggi e avvenimenti, come se davvero fosse lei la protagonista del romanzo. «Io credo che alla fine Brando e Dahlia finiranno insieme. Guarda, non importa che lui sia promesso a Geneve, si vede subito che loro due sono destinati ad amarsi.»

Cora invece non era convinta: «A mio parere, non sarebbe partito per i confini del Nord se l'amasse davvero, e secondo me quando racconta al suo compagno d'armi della donna che vorrebbe trovare al ritorno parla di Geneve. Parla soprattutto degli occhi. E sono gli occhi di Geneve a essere speciali, mica quelli di Dahlia».

Delia alzava le spalle: si capiva che pensava di essere il lettore privilegiato e, in effetti, aveva proprio ragione.

«Non dovete concentrarvi sulla storia d'amore» diceva Ida. «È un fantasy, il tema importante è la lotta fra il bene e il male. Quegli eserciti d'Ombra che minacciano i regni su al Nord: è a quelli che Brando dedica le sue attenzioni.»

I lettori crescevano ogni giorno, ma capii di essere veramente nei pasticci solo qualche sera dopo, parlando al telefono con mia sorella.

«Elide, non vedevo l'ora di dirtelo. Paola e io stiamo leggendo un romanzo fantastico, vallo a vedere su Webplot.» Mi disse che sulle prime era stata diffidente, l'entusiasmo dei ragazzi del suo liceo le aveva fatto pensare che si trattasse della solita storia di lotte e di amori, ma poi lo aveva iniziato. «E non riuscivo più a smettere. Devi assolutamente leggerlo. C'è anche un personaggio che mi assomiglia un sacco. È Geneve, la promessa sposa di Brando, il protagonista. Oh, non ti immagini, lei ha i capelli proprio come i miei e gli occhi di due colori diversi e il naso con quella curva strana, quella che il babbo dice che ho solo io.»

Io ascoltavo sbalordita: quando avevo costruito il personaggio di Geneve a sua immagine, non avrei mai pensato che Elettra avrebbe letto il romanzo. Credevo fosse una storia che potesse piacere ai ragazzi delle medie, non certo ai liceali. Sperai che Paola non si riconoscesse in quella dama di compagnia, buffa e un po' impacciata, che avevo modellato avendo in mente il suo aspetto fisico e le sue qualità: spalle larghe, capelli crespi e scuri, corsa veloce, bontà d'animo e discorsi involuti.

Elettra mi raccontò inoltre di come avesse convinto Osvaldo a uscire con lei. Lui le aveva parlato della sua ragazza lontana. «Ma sono sicura, sai» mi disse, «che io gli piaccio. Ha appoggiato la mano sopra la mia e mi ha guardato più volte negli occhi.»

Una situazione simile rendeva impossibile per me rivelare la vera identità di Verena Moomin. Un conto era scrivere una storia per la propria amica del cuore, un altro era confessare di essere l'autrice del romanzo che tutti stavano leggendo. La mamma non avrebbe sopportato questo mio successo e il babbo si sarebbe preoccupato e intristito al pensiero di avere un'altra scrittrice in famiglia.

Così ho continuato di nascosto. Scrivo di notte, non appena la mamma e il babbo si ritirano nella loro camera. Scrivo quando è buio, ma di giorno torno spesso col pensiero al romanzo. Appunto in una parte della mia testa avvenimenti, gesti, parole, sequenze di azioni, intrecci, svolte narrative. Quando apro il file le cose da scrivere sono già lì tutte in fila, metto le mani sulla tastiera e mi metto all'opera.

Brando cammina verso nord con un manipolo di compagni. È un cammino piano e, in questo momento, anche la storia si sviluppa in modo piano: ci sono marce, bivacchi, cene a base di conigli cacciati nel bosco e minestre d'erbe. Ci sono i pidocchi, c'è la necessità di tenere in ordine le armi: le lame delle spade vanno affilate, la corda dell'arco unta a dovere. Ci sono degli incontri, viandanti che si accostano al bivacco e raccontano dell'orrore del Nord. Della difesa del Passo Stretto, delle perdite, dell'inverno che inizia a stringersi attorno agli uomini, delle epidemie nei villaggi che portano via vecchi e bambini.

Questo ritmo lento mi serve a far crescere l'attesa per

ciò che deve venire. Le foreste sono buie e piene di rumori. I sentieri spesso conducono al punto di partenza. È un ritmo lento, sì, ma che preannuncia l'arrivo di inciampi. Alterno al racconto del viaggio scene della vita quotidiana di Dahlia. Lei è inquieta, non ha trascorso un solo giorno della sua vita senza Brando, le esercitazioni con la spada le sembrano vuote.

Lei vuole essere un guerriero, vuole andare a difendere i confini del Nord. Si reca dalla donna più anziana del regno, che suo padre ospita nella torre più alta del castello. Gli occhi della vecchia, ora ciechi, hanno visto battaglie, vittorie e sconfitte, amori e disamori. Le consiglia di attendere, di pazientare e di trascurare la spada per l'ago. Al palazzo di Geneve arriva una delegazione dai territori dell'Ovest. In mezzo ai signori e ai guerrieri c'è un ragazzo che non sembra né un signore né un guerriero. Si chiama Oddvar e Geneve lo guarda da lontano. Oddvar ha passi lunghi e alteri, e un modo strambo di ravviarsi con la mano i capelli corti come quelli dei soldati.

Stamattina, il babbo mi ha dovuto chiamare tre volte. Il richiamo mi svegliava, ma mi riaddormentavo immediatamente. A colazione la mamma mi ha detto preoccupata: «Hai delle occhiaie orribili». Poi mi ha dato un bacio in fronte. «Sembrano dei brutti segni di carbone.» Non ho potuto evitare di pensare che tutto quello stare accanto ai fuochi e ai bivacchi in qualche modo doveva aver lasciato un segno anche sulla mia faccia.

La bella addormentata sul banco

Nel cortile della scuola ho trovato Delia attorniata da un gruppetto di ragazze e ragazzi. Stava raccontando l'ultimo capitolo dell'*Ombra del canto*.

«Hanno camminato e camminato per tre giorni interi e alla fine si sono accorti di essere tornati nella ra-

dura da cui erano partiti. Brando crede che un maleficio abbia annodato il sentiero e vuole trovare il modo
per spezzare il sortilegio.»

Sono ammirata dai termini che Delia utilizza, di solito ride della cura con cui scelgo le parole. Fra gli altri
un biondino di seconda, che di solito non lascia il pal-
lone un attimo e approfitta di tutti i momenti di inter-
vallo per prenderlo a calci, l'ascolta a bocca aperta.

Cora arriva di corsa brandendo una rivista. Si fa largo
fino a raggiungere Delia. «Guarda» dice ancora un po' affannata, «c'è un articolo sull'*Ombra del canto.*» Delia prende
la rivista, cerca la recensione e inizia a leggere a voce alta.

Io guardo a terra e divento un po' rossa, perché anche il giornalista che ha scritto l'articolo si è davvero
appassionato al romanzo. Scrive che la lingua è fresca,
e mi chiedo cosa voglia dire. Afferma anche che c'è un
abile dosaggio della suspense, e questo invece lo capisco
perché mi impegno a costruire con attenzione sequenze che lascino col fiato sospeso e la curiosità di andare
avanti. Interrompo la narrazione proprio là dove tutti si
stanno chiedendo cosa succederà, con frasi come: *Mentre Brando avanzava sul sentiero, non poteva immaginare cosa
avrebbe trovato dopo la curva successiva.*

Non è un pezzo lungo e il giornalista chiude dicendo che i personaggi sembrano essere nutriti da storie fantasy, fiabe e solide letture. Si chiede chi possa celarsi dietro lo pseudonimo di Verena Moomin.

Anche Delia se lo chiede e con lei, a quel che sento, tutti gli altri. Poi la campanella suona, qualcuno dice: «Cavolo, non ho fatto i compiti di matematica», qualcun altro sussurra: «Speriamo che non interroghi in scienze». Io saltello, la recensione mi ha reso proprio felice, non era uno di quei giornali gratuiti che puoi prendere sull'autobus o davanti al supermercato, ma una rivista vera, di quelle importanti che leggono gli adulti. Quel gruppo attorno a Delia inoltre mi fa pensare alle donne che chiacchierano attorno alle fontane, e mi dico che nel romanzo dovrò mettere una scena simile.

La professoressa di italiano non ci lascia sedere accanto a chi vogliamo, così non posso chiacchierare con Delia. Lei è finita in ultima fila e io sono qui davanti con Germano, che è davvero più secchione di me e tiene gli occhi fissi sulla prof, annuendo di continuo. L'aula è calda, c'è l'odore del detersivo con cui la bidella ha pulito il pavimento, dalla finestra si vedono i rami dei grandi platani, il cielo è azzurro. La Mengatti ha una camicetta rosa e legge con voce monotona dall'antologia. Appoggio un attimo la testa sul banco.

«Elide. Elide.» Sento qualcuno che mi chiama e una mano mi scuote, prima piano poi più forte. Sollevo la testa di scatto. Germano mi guarda con gli occhi spalancati. «Scusa, Elide, ti sei addormentata, me l'ha detto la prof di svegliarti.» Anche la Mengatti mi sta guardando, anzi, mi stanno guardando tutti.

Qualche compagno ridacchia e qualcun altro bisbiglia.

«Scusate» dico. Tengo lo sguardo fisso davanti a me. Mi vergogno e mi chiedo come possa essere successo. Ora l'imbarazzo mi tiene attenta e sveglissima, nonostante la prof continui a leggere con voce monotona.

Alla seconda ora va meglio, la matematica non è una materia che concilia il sonno. A ricreazione le compagne mi sono subito attorno, curiose e un po' preoccupate. Lorenzo, che fa sempre il buffone, mi spinge da dietro e commenta con un ghigno: «Altro che la bella addormentata nel bosco, qui abbiamo la bella addormentata sul banco». Poi, con la voce, imita un russare pesante.

Cora, Ida e e Amina scoppiano a ridere e anche Delia sbuffa trattenendo una risata. La guardo stupita. Delia è la mia amica, quella che mi difende sempre, quella che ascolta le mie storie e fa il tifo alle mie gare: non è possibile che rida di me. Sento che sto per piangere e mi allontano, scendo le scale ed esco nel cortile. Non posso piangere qui davanti a tutti.

Guardo il cielo e respiro a fondo l'aria fresca che sa di mare, di salato e anche di qualcosa di dolce che non so dire. Qualcuno mi raggiunge correndo. È Delia. «Scusa, Elide, non volevo ridere, ma alle battute di Lorenzo non so resistere, lo sai.» Mi abbraccia.

Vorrei dirle che non ha riso per Lorenzo, ma che l'ha fatto per condividere la risata con Cora e con le altre due e che ho paura che non saremo più amiche, perché presto preferirà loro a me. Non lo dico, mi lascio abbracciare, tiro su col naso e faccio: «Non è niente, Delia, non ti preoccupare».

Nell'ora di inglese ci sediamo vicine in fondo alla classe e possiamo chiacchierare. Parliamo a bassa voce. Delia mi racconta della partita di pallavolo della sera prima. È contenta perché l'altra palleggiatrice non c'era e quindi ha potuto giocare tutti i set.

«Una vera fortuna» mi dice, «proprio la sera in cui Cora e Amina erano sugli spalti.»

Sento di nuovo quel piccolo dispiacere che punge proprio sotto lo sterno. È come una stretta veloce e sottile che mi toglie per un attimo il respiro. Cerco di non darlo a vedere, penso che in fondo lei adesso è qui con me. Cora e Ida si girano spesso a guardarci. Le vedo confabulare con le teste vicine, Ida scribacchia qualcosa e un bigliettino cade sul mio banco.

Non volevamo ridere di te. Scusa, scusa. Ci perdoni?
Vieni a prendere una piadina con noi quando usciamo?

Oddvar ama Geneve?

Non so se sedermi insieme alle Tre sul muretto che ho sempre considerato mio e di Delia, quello di fronte al baracchino delle piadine, mi abbia fatto bene oppure male.

Certo, Delia si è seduta vicino a me e abbiamo divi-

so come al solito la piadina con la crema di nocciole, e questo mi fa sempre sentire bene.

E poi ho potuto osservare meglio le Tre.

È evidente che Cora è il capo del gruppetto, è la più chiacchierona, ha qualcosa da dire su qualsiasi argomento. Sia che si parli di cavalli, di romanzi o di professori, inizia sempre il discorso con "a mio parere".

Ida e Amina ascoltano. Ida la guarda, annuisce e sorride, Amina invece muove gli occhi attorno e di solito risponde con la sua vocetta sottile. Tende a ripetere quello che Cora ha appena sostenuto.

Delia interviene spesso, non sta mai ferma, si sposta cento volte i capelli dagli occhi e io continuo a chiedermi perché non usi più le mollette.

«E poi quando viene caldo andiamo tutte allo stesso Bagno, eh?» propone Cora. «A mio parere il Bagno Cesare è il migliore. Noi prendiamo l'ombrellone per tutta la stagione, potete venire quando volete, tanto alla mamma non piace scendere in spiaggia e il babbo è troppo impegnato al maneggio. Avremo l'ombrellone sempre per noi.»

«Sì, è vero» incalza Amina, «come l'anno scorso, che i tuoi non c'erano mai e Cesare ci diceva tutte le mattine: "Eccole, le signorine".»

Ida sorride e annuisce con la testa. Delia prende un elastico e si lega i capelli in una coda. «Sì, lo chiedo alla mamma, non credo che faccia differenza per lei. Noi stiamo al Bagno Riviera, non è tanto distante da Cesare.» Incontra il mio sguardo in cerca di approvazione.

Scendo dal muretto per sgranchirmi le gambe. Cora si accosta a Delia, le osservo, hanno le teste vicine, Cora ride per qualcosa che ha detto Delia. Ida e Amina si sporgono per seguire meglio il discorso. Le teste sono tutte vicine, quella bionda di Delia, quelle castane di Cora e Ida e quella nerissima di Amina. L'aria che arriva dal mare è aumentata e i capelli svolazzano, a Delia molte ciocche si sono già liberate dalla coda fatta in fretta.

Improvvisamente ho voglia di scrivere. «Devo andare» dico.

Rispondono: «No, dai, resta qui, che facciamo un giro per il viale». Ma io saluto con la mano e corro verso casa.

Il babbo mi ha lasciato sui fornelli una zuppa pronta da scaldare. La mamma è chiusa nel suo studio. Accendo il computer con in testa l'immagine dei sussurri e dei capelli svolazzanti.

Dahlia cammina in un bosco. È partita ormai da giorni, vuole raggiungere Brando e unirsi a lui nella difesa dei confini del Nord. Porta con sé un arco e una spada, calza stivali robusti e indossa abiti da uomo. La sua partenza infiammerà Delia, che non sopportava di vederla solitaria al castello.

Le foglie del bosco tremano e prendono una strana sfumatura argentea. Il fruscio mette in allarme Dahlia. Alza la testa, guarda e guarda le foglie, stupita, senza riuscire a distogliere gli occhi, poi la vista le si offusca, le foglie diventano nebbia, il fruscio un rombo.

Si risveglia in una capanna, attorniata dalle tre Streghe Ragazze. Descrivo la scena in modo che non si capisca se l'abbiano salvata da qualche incantesimo o se, proprio attraverso un incantesimo, l'abbiano catturata. Le tre Streghe Ragazze hanno capelli fluenti, una di loro inizia ogni discorso dicendo: «A parer mio, mie signore», una annuisce sempre mondando erbe e bacche, la terza si muove in fretta per la casupola e, come fosse una specie di eco, ripete le ultime parole di ogni frase della prima.

Da piccola non mi stancavo mai di leggere le parti di *Pinocchio* in cui c'erano il gatto e la volpe: credo di averla presa da quelle pagine l'idea di quell'eco, di quella ripetizione.

Dahlia la lascio dentro quella capanna, in balia delle Streghe Ragazze. Ridacchio un po'.

Delia sarà delusa nel vedere la sua principessa guerriera soggiogata dalle tre, spererà che si ribelli, ma io la terrò lì per parecchio tempo. Mi dedico alle altre vicende, muovo gli altri personaggi.

Ad esempio Brando che, in esplorazione su un'altura, è assalito dai briganti, i quali, dopo avergli sottratto tutto, lo lasciano ferito sul ciglio del sentiero.

Metto in scena una pastora che, mentre sta portando il suo gregge nei pascoli bassi, trova Brando, lo mette in salvo in una capanna e lo cura con impacchi di erbe e infusi di bacche.

Faccio incontrare Geneve e Oddvar. Lui le racconta del suo impegno con la figlia del Duca di Postar, un territorio dell'Ovest. Si sposeranno al solstizio d'estate, il loro matrimonio è stato deciso quando la ragazza era ancora in culla. Le racconta della sua infanzia, del suo amore per la musica e per le parole, e della fatica che richiede il suo ruolo di ambasciatore a cui il padre lo obbliga. Mentre parla le prende la mano e i loro occhi si incontrano.

Non passa nemmeno un'ora da quando posto il capitolo che il telefono squilla. È mia sorella, eccitatissima: «Elide, devi leggere subito il nuovo capitolo. Geneve, hai presente? Quella che mi somiglia. Be', è incredibile, con Oddvar le sta succedendo lo stesso che a me e Osvaldo».

E qui, leggendo, dovete immaginare molte esclamazioni, molto stupore. «Oh, Elide, Oddvar si deve sposare, ma le ha preso la mano, lo so che ama lei, così come Osvaldo ama me.»

«Osvaldo ti ama?» chiedo stupita pure io: l'ultima telefonata si era chiusa con Elettra che piangeva sulle sorti del suo amore impossibile.

«Sì, mi ama e ha scritto una mail alla sua ragazza per dirglielo.»

«E lei?» le chiedo, mentre già mi domando cosa farà la promessa sposa di Oddvar quando riceverà la missiva con cui lui le comunicherà la sua intenzione di rompere l'impegno.

«Non ha ancora risposto. Sono così in ansia, e domani ho pure la verifica di matematica e devo studiare un sacco e la zia Carla mi assilla e mi dice cos'hai, perché piangi, accidenti all'adolescenza, a me puoi raccontare tutto.»

Anche questa telefonata, iniziata nell'entusiasmo dell'amore, termina in una lagna infinita.

«Vuoi salutare la mamma?» le chiedo nella speranza di fermarla.

«La chiamo domani, adesso studio. Leggi il capitolo nuovo, mi raccomando.»

Hamburger e patatine contro le pene d'amore

Invece l'indomani, all'ora di pranzo, Elettra è tornata a casa in lacrime.

Il babbo si è superato, nel senso che ha superato le sue fisse per la verdura e i cibi sani e mi ha cucinato un hamburger enorme con un mucchio di patatine fritte.

«Sei pallida» mi dice, «devi mangiare carne.» Mi guarda con preoccupazione e io mi sento in colpa.

Anche stanotte l'ho passata quasi completamente sveglia. Mi sono stesa a letto quando gli uccellini in giardino hanno iniziato a cantare, ma il romanzo è progredito e stasera potrò pubblicare almeno due nuovi capitoli.

Ma per tornare a Elettra, stavamo appunto pranzando quando è entrata come una furia, ha buttato la borsa per terra e, piangendo, ha abbracciato il babbo. Tirando su col naso è riuscita a raccontare che Teresa, la ragazza di Osvaldo, appena ha ricevuto la mail non si è nemmeno presa la briga di rispondere: è salita sul primo treno e si è fiondata a casa di Osvaldo direttamente dalla Germania.

A questo punto il pianto le impediva di parlare, e fra i singhiozzi abbiamo raccolto parole come indeciso, maledetto e non mi ama. Il babbo, che ha sempre tanta pazienza, ha cercato di capire cosa fosse effettivamente accaduto.

«Quindi ci stai dicendo» ha precisato, provando a dare un senso ai mugugni di Elettra «che lui si è preso qualche ora per parlare con Teresa? Che si sente in dovere di darle delle spiegazioni e tu temi che lui la ami ancora?»

Lei ha annuito con foga. Ha quasi gridato: «Sono sicura che lui la ama ancora, se non l'amasse l'avrebbe salutata e sarebbe corso da me!».

Detto questo, si è accasciata sul divano e i singhiozzi si sono trasformati in una specie di ululato.

Per capire quanto straziante fosse quel lamento, basti pensare che la mamma è uscita dal suo studio prima che calasse la sera e si è letteralmente avventata su Elettra, scuotendola, baciandola e pretendendo che le raccontasse ogni cosa per filo e per segno.

Ho guardato con nostalgia l'hamburger e le patatine fritte: mi pareva brutto sedermi a mangiare in mezzo a quel putiferio. Allora mi sono allontanata in punta di piedi e ho telefonato a Delia. Le ho detto sottovoce: «Qui siamo in piena crisi, posso venire da te?».

Sempre evitando ogni rumore, sono uscita. Dal corridoio ho visto il babbo che lavava i piatti e la mamma ed Elettra che, abbracciate, parlavano fitto sedute sul divano.

La crisi dura da tre giorni. La zia e Paola telefonano di continuo, preoccupate per quella partenza improvvisa. Il babbo e la mamma, assorbiti dal dolore di Elettra, trascurano, con mia grande contentezza, di notare il mio pallore e le mie occhiaie. Io passo molto tempo fuori. Mi alleno con Tullio, studio con Delia e con le Tre, vado alla partita di pallavolo di Delia e cavalco al maneggio di Cora. Suo padre è un bravo istruttore. Gli ho fatto un sacco di domande, sono andata al passo, al trotto e al galoppo, ho stretto le ginocchia e tirato le redini. Così potrò costellare il romanzo di cavalcate, cavalli e cavalieri. E passando al trotto accanto alle saline, ho sentito un odore un po' di guasto e ho deciso che nell'*Ombra del canto* ci saranno paludi, molte paludi.

Elettra ha spento il telefono, quindi quello di casa suona di continuo. Osvaldo vuole parlarle, ma lei si rifiuta di rispondere. Piange di meno, ma sta sempre stesa sul divano con la testa sotto una coperta.

Alla sera del terzo giorno lui la trova così, avvolta nel plaid, con gli occhi gonfi, i capelli sporchi e spettinati e vestita con un vecchio pigiama giallo con un unicorno stinto sul davanti. Il babbo apre la porta e lo fa entrare, la mamma compare sul pianerottolo che affaccia sul soggiorno e io alzo la testa dal libro che sto leggendo.

Elettra scatta in piedi e, di corsa, cerca di raggiungere le scale. Osvaldo la insegue, la blocca, l'abbraccia tenendola stretta perché lei tenta di liberarsi e le dice qualcosa in un orecchio. Lei smette di divincolarsi e lo guarda. «Davvero?» chiede.

«Davvero» risponde lui.

Si dirigono in cucina tenendosi per mano mentre il babbo scuote la testa e la mamma sospira di sollievo.

«Spero che sarai più giudiziosa di tua sorella» mi dice il babbo.

«Tesoro mio, tu non stai bene, guarda che occhiaie hai» dice la mamma sollevandomi il mento.

La tregua è già finita.

L'odore della primavera greca

«E mi ha scritto che quello di Geneve per Oddvar diventerà un grande amore. E anche, cosa ancora più importante, che Oddvar troverà la forza di opporsi al padre per dedicarsi alla musica e alla poesia. Ah, sì, poi la Pastora troverà un'erba di canto che riuscirà a curare Brando, però non ho mica capito cosa sia un'erba di canto.»

"Lo capirete, lo capirete" penso, "leggerete presto che esistono erbe che hanno celate nelle venature la traccia di un canto. Si tratta di un canto che contiene in sé indicazioni capaci di guidare Brando sulla strada libera dai pericoli. È un'erba che infonde coraggio, che tiene lontani i pensieri tristi e rende chiaro il cammino da seguire. Sorseggiando l'infuso preparato con questa pianta si avverte un flebile suono che molti definiscono canto. La conosco bene. L'ho inventata io."

Passeggiamo sulla spiaggia con un gruppo di compagni di classe. È una giornata azzurra e tiepida e ogni tanto starnutisco perché dal mare giunge quell'odore che sembra dire sì, ecco per te un piccolo anticipo di primavera.

Il babbo ripete sempre che abitando qui si finisce per sapere quando in Grecia arriva la primavera. Chiudo gli occhi e giro la faccia verso il sole. Delia parla e parla e rivela particolari sul seguito del romanzo. Gli altri la incalzano e chiedono, lei ride soddisfatta e risponde. Si pavoneggia anche un po' e tutto questo, naturalmente, succede per colpa mia.

Da un lato non mi dispiace questo nuovo gruppo di

amici che abbiamo trovato alle medie, con le Tre che dicono si va di qua e poi di là. Ma continua a mancarmi quel rapporto privilegiato, stretto ed esclusivo che io e Delia abbiamo avuto fino all'estate scorsa. Così, in una di quelle sere in cui Elettra sedeva ululante sul divano, coi miei attorno ad accogliere il suo pianto, io, seduta in camera mia, ho creato un indirizzo di posta elettronica per Verena Moomin e anche una pagina Facebook.

Ero sicura che Delia avrebbe contattato la sua scrittrice preferita e pregustavo questo nuovo spazio privato solo mio e suo. Non ho dovuto nemmeno aspettare tanto. Il giorno seguente mi è arrivata la sua prima lunga lettera. Mi dichiarava il suo amore per il romanzo, la sua passione per alcuni personaggi, il suo sentirsi così vicina a Dahlia.

Tutto bene, quindi. Invece no, non andava tutto bene, perché insieme alla mail di Delia già il primo giorno ne sono arrivate cento e ho pensato fosse necessario rispondere a ognuna, e il giorno seguente ne sono arrivate ancora duecento e il terzo quasi trecento.

Ho scritto, è vero, una specie di ringraziamento generico che invio a tutti rimandando alle notizie che posto sulla pagina Facebook, ma il tempo che mi prende anche solo leggere le mail, incollare le risposte e premere invio è infinito.

Mi hanno scritto anche Cora, Amina e Ida, e si sono beccate tutte e tre la risposta standard, e lo stesso è successo a Germano e a decine di altri a scuola.

A Lorenzo invece ho risposto con un fiume di parole sottolineando i suoi errori di sintassi e la pochezza del suo stile, che vuole essere divertente senza riuscirci, e facendogli notare che quel suo non prendere niente sul serio poteva portare a conseguenze drammatiche simili a quelle che ha dovuto affrontare Ontano, un valletto che, nel romanzo, è stato cacciato dal castello a causa degli scherzi feroci che non risparmiava a nessuno.

Mentre Delia non fa altro che pavoneggiarsi per il suo carteggio con l'autrice, Lorenzo tace e si guarda bene dal parlare della lunga risposta che Verena Moomin gli ha riservato.

Ho ricevuto anche richieste di interviste da giornalisti, e mi hanno scritto due editori, di quelli proprio grossi, che vogliono pubblicare il libro; inoltre, mi hanno invitato a una trasmissione televisiva e a due radiofoniche. Ho spiegato a tutti che in questo momento preferivo non rendere pubblica la mia identità. Agli editori ho scritto che vorrei terminare il romanzo prima di prendere qualsiasi decisione. I giornalisti hanno tanto insistito, e a due di loro alla fine ho proposto di inviarmi le domande via mail e mi sono impegnata a rispondere.

Le mie notti sono diventate una veglia continua. Penso spesso a uno dei racconti che ho letto sul libro *Cuore*. Si intitolava *Il piccolo scrivano fiorentino*. Non ricordo nemmeno come si chiamasse il protagonista, ma per aiutare la famiglia compiva, di nascosto e di notte, parte del lavoro del padre che consisteva nel ricopiare migliaia di indirizzi sulle buste, dato che allora non c'erano mica né stampanti né computer. Il ragazzo, notte dopo notte, lavorava e, proprio come me, diventava sempre più pallido e stanco. A quei tempi i genitori erano meno comprensivi. Il padre infatti non faceva come i miei, che notano il mio pallore e si preoccupano. No, il padre pensava che fosse pigro e non gli risparmiava ramanzine. Lui, però, non demordeva e continuava a riempire le sue notti compilando quelle interminabili buste.

Il fatto è che ormai di notte sono svegliissima, scrivere mi dà una specie di eccitazione affannata. Inoltre, ogni volta che apro la casella di posta elettronica, soffoco dall'ansia nel vedere tutte quelle lettere cui devo rispondere e l'apprensione non se ne va finché non ho risposto a tutte.

Per contro, di giorno mi addormento di continuo. Non è un problema quando capita in camera mia, mentre faccio i compiti, ma lo diventa a scuola. È successo anche due volte a cena e almeno quattro sul divano. Il babbo è allarmatissimo e ha insistito per portarmi dal pediatra.

Il mio pediatra è un omone burbero, dai capelli folti, lunghi e bianchi, che in realtà mi vede raramente. Il babbo sostiene che la vita all'aria aperta in questa cittadina di mare faccia bene alla salute.

Il dottor Saviotti mi ha visitata e ha chiesto: «Ma dorme questa ragazza?».

Mi ha controllato gli occhi, le orecchie, la gola. Mi ha pesato e misurato, ha toccato la pancia e auscultato il cuore, mi ha battuto col martelletto sulle ginocchia, ha esaminato la mia pelle centimetro per centimetro, si è informato sulla mia dieta, sul mio rendimento scolastico, sulle attività sportive e sull'andamento delle amicizie, poi si è avvicinato al computer per aprire la scheda su cui, di volta in volta, appunta i risultati delle visite e i dati che mi riguardano: non crederete mai a ciò che ho visto sul monitor. Ebbene sì: lì, sullo schermo del computer del dottor Saviotti, c'era proprio il mio romanzo.

Lui ha intercettato il mio sguardo stupito e mi ha detto: «Bello, eh? Lo stai leggendo anche tu?».

Uccidere Verena Moomin

Allora, per riconoscenza al mio pediatra, che mi ha prescritto solo qualche vitamina e un ricostituente, dal sapore nemmeno troppo cattivo, ho messo in scena questo cerusico dai lunghi capelli bianchi, buono e attento, che si prende cura di Geneve in seguito a una febbre forse causata da un raffreddore, o forse da un maleficio.

Intanto i due giornalisti mi hanno inviato le domande. Entrambi sono più interessati all'identità di Verena Moomin che al romanzo. Certo, mi chiedono informazioni sui personaggi, sugli aspetti del mito presenti in Geneve − uno la paragona a Melusina − o sull'influenza di Tolkien e di alcuni tratti del *Signore degli anelli* sulla costruzione della storia o ancora sul bosco inteso come labirinto o metafora della vita, ma soprattutto vogliono sapere perché io celi la mia identità. Uno dei due ipotizza che io sia in realtà un uomo, magari un famoso scrittore che si dedica al fantasy sotto copertura.

Io rispondo in modo conciso e, mi pare, sobrio. Non rilascio dichiarazioni decisive riguardo alla mia identità: se vogliono pensare che ci sia un uomo dietro Verena Moomin, facciano pure.

Ho passato un pomeriggio intero a rispondere alle domande, ho trascurato un po' i compiti, ma ho tutta la notte per rifarmi e la sera mi siedo a tavola soddisfatta. Il babbo ha cucinato un minestrone e stamattina prima di uscire ha cotto anche un buon pane con il lievito madre. Così la casa per tutto il giorno ha avuto un gradevole profumo di pane.

La mamma, invece, scende le scale trascinando i piedi e si siede lascia cadere sulla sedia.

«Tutto bene?» le chiede il babbo. Lei sbuffa, girando svogliatamente il cucchiaio nel minestrone. «Mettici un po' di formaggio, mamma» provo a suggerirle, ma lei scuote la testa e appoggia il cucchiaio. Il babbo posa una mano sulla sua, lei si pulisce le labbra col tovagliolo, senza peraltro che ce ne sia bisogno, visto che non ha ancora toccato cibo.

Chiudo gli occhi, aspettando lo scoppio, che infatti arriva. La mamma, di solito, ha una bella voce bassa e calda, ma quando si arrabbia un tono stridulo e alto si insinua, tanto da farmi dubitare che sia proprio lei quella che sta parlando.

«È inutile» strilla, «è inutile che io passi il mio tempo chiusa là dentro a scrivere quando basta accendere il computer per trovare una gran quantità di romanzacci.»

Mentre si sfoga agita le braccia sopra la testa. «Bisognerà che mi trovi un lavoro, sì, molto meglio lavorare da mattina a sera e non pensarci più. Magari, Enzo, ti posso aiutare in negozio. E la sera posso sempre sedermi al computer e leggere di pastori e principesse e di Streghe Ragazze e dire come tutti: "Ma guarda che bello, che meraviglia", e poi leggere sui giornali tutti quei bla bla bla su chi sarà l'autrice o l'autore. Ma lo sapete quanto male fa tutto questo alla letteratura?»

Il babbo prova a intervenire: «Tesoro, ascoltami» ma lei a questo punto è una furia.

Io stringo le mani sul bordo della sedia e la fisso senza riuscire a distogliere lo sguardo, proprio come se fosse arrabbiata con me, come se stesse strillando contro di me. Questo in una qualche misura è vero, ma lei per fortuna non lo sa e dice e dice, come se non volesse smettere mai più. Dice della sciatteria e della lingua povera che si trovano in quei romanzuncoli, delle trame che non tengono, dei personaggi trasparenti come carta velina, della mancanza di ritmo.

Le lacrime mi bruciano dietro gli occhi, ma resisto, stringo i denti e giuro a me stessa che se smetterà di urlare non scriverò mai più una riga. Serro i pugni e mi prometto che Verena Moomin sparirà dalla faccia della Terra. Trattengo il respiro mentre lei continua e mi convinco che se lo dice la mamma il mio romanzo deve essere proprio pieno di difetti.

Dopo un ultimo strillo si accascia sul tavolo e inizia a singhiozzare. Ripete tra i singulti: «Sono una fallita, la mia vita è un fallimento». Il babbo si alza e l'abbraccia, io guardo a terra e conto i listelli di legno del pavimento. Sono arrivata a centosette quando, per fortuna, il telefono suona. «Vado io» urlo, approfittando per alzarmi.

Appena rispondo Elettra mi investe con un profluvio di parole gioiose: «E al pomeriggio la zia lo lascia venire a casa a studiare, poi andiamo al cinema o anche solo a passeggiare, e lui mi dice che quello che prova per me non l'ha mai provato per nessuna e che mi ama come Oddvar ama Geneve. Oh, Elide, come sono felice. Vorrei urlarlo al mondo intero o appendere gli striscioni in piazza. Pensa, mi ha regalato una collanina bellissima, un intreccio di tralci e roselline, non la toglierò mai».

Riesco in qualche modo a fermarla: «Elettra, qui c'è grande crisi». Le racconto della sfuriata della mamma, delle invettive lanciate contro *L'ombra del canto*.

«Sei sicura che parlasse proprio di quel libro?»

«Certo, nominava i personaggi, diceva che sono trasparenti come carta velina.»

Mia sorella sbuffa: «Ma figurati, è solo invidiosa perché lei non riesce a scrivere più niente. È tutta colpa del Grande Blocco. Guarda, oggi parlavano del romanzo alla radio, ascoltavo insieme a Paola, e ne dicevano un gran bene, e sai cosa? Il giornalista era sicuro che Verena Moomin fosse la penna più interessante del momento».

A sostegno di questa tesi cita poi il parere definitivo, quello che, per quanto la riguarda, mette il punto a tutte le discussioni: «Inoltre, Elide, lo pensa anche Osvaldo che si tratta di un romanzo bellissimo e lui in italiano ha nove e all'università farà Lettere, e poi te l'ho detto che scrive poesie?».

Certo che me l'ha detto: non è mica un caso se Oddvar, che all'inizio avevo vestito degli abiti di ambasciatore, si sia poi rivelato un amante delle parole e della musica.

Chiudo la comunicazione un po' triste. Di là il babbo e la mamma sussurrano tenendosi le mani. Lei tira ancora su col naso, ma sembra che il peggio sia passato. Insomma, la mamma è invidiosa del romanzo, la mamma è invidiosa di me, anche se non lo sa che è di me che è invidiosa, e forse non sa nemmeno di esserlo, si crede nel giusto e giudica orrendo ciò che scrivo. Entrambe le ipotesi mi provocano una fitta allo stomaco e mi tagliano il respiro.

Non voglio avere una madre che si rode di invidia. Forse, poi, Elettra sbaglia: la mamma non è invidiosa, è solo più acuta e lucida di tanti altri e il mio romanzo ha davvero tutti i difetti che lei ha sottolineato.

In ogni caso non scriverò più, ucciderò Verena Moomin, la farò sparire, mi libererò dei fan, dei messaggi di posta elettronica, dell'incombenza di aggiornare Facebook, dei giornalisti, degli editori, e la notte dormirò.

Riesco finalmente a respirare a fondo, mi avvicino al babbo e alla mamma e li circondo con le braccia. La mamma dice: «La mia bambina» e mi fa sedere sulle sue ginocchia. Il babbo sorride e io penso che voglio essere come lui, voglio occuparmi della ferramenta, voglio toccare le viti, i bulloni e i chiodi, voglio riempirmi le mani di rondelle e tirare su ogni giorno la saracinesca. Respiro l'odore della mamma che è un po' di rose e un po' di pomodoro e mi sento molto meglio.

Bulloni, rondelle e un avvitasvita

«Elide, Elide, c'è un cliente. Metti via quei chiodi, sposta quei bulloni. Perché li hai mischiati tutti, cos'hai in testa oggi?»

Il babbo non sa che quei bulloni e quei chiodi sparsi sul bancone non sono affatto quello che sembrano.

Quel bullone lontano, quasi sul bordo, è Brando, e accanto a lui quella vite corta è la Pastora; questi tre piccoli chiodi d'acciaio vicino a me sono le Streghe Ragazze e quello con la capocchia dorata è Dahlia. Il chiodo un po' storto lì sulla destra è Ontano che cammina: pieno di livore per essere stato cacciato dal castello, vuole raggiungere Brando e ucciderlo per privare così il regno del suo migliore guerriero.

Stavo decidendo dove piazzare Geneve e Oddvar, avevo in mano due rondelle, una di acciaio e una di rame, e le soppesavo, cercando di decidere se fosse il caso di far partire Oddvar alla ricerca di un mago che potesse curare il malessere di Geneve. Per questo non ho sentito la porta aprirsi e non ho fatto caso al cliente che stava in piedi accanto al banco.

«Buongiorno, signor Cardi, come posso esserle utile?» chiedo appena mi riprendo, poi pesco nel cassetto dei chiodi piccolissimi, quelli che lui desidera, e ne faccio un cartoccio, lo peso, mi sposto alla cassa, prendo le monete e apro lo sportello che muovendosi fa *tling*.

Intanto è entrata la signora Angela, quella che abita giù al porto e che mi saluta spesso dalla finestra quando passo in bicicletta. Mi dice che le viti che il babbo le ha venduto ieri non sono buone. «Cara, per quanto mi impegni non riesco a farle entrare nel legno. Forse è meglio se me le cambi con qualcosa, non so, di più resistente, forse le punte sono difettate o forse mi serve un cacciavite nuovo.»

Guardo le mani della signora, sono secche e un po' accartocciate, le nocche grosse e arrossate, e non me le vedo a stringere un cacciavite. Forse il problema non è la qualità delle viti.

«Purtroppo sono le migliori che abbiamo» le dico e lei mi guarda con gli occhi bui e scoraggiati. «Ma una soluzione c'è, non si preoccupi.»

Prendo da uno scaffale un avvitasvita, le spiego che è sufficiente piazzare la vite sul legno, l'avvitasvita sulla vite e schiacciare il bottone rosso. Glielo porgo e le spiego che non è necessario fare forza. Mi chiede di vedere come funziona, così recupero da sotto il banco un listello di legno e la vite corta che finora è stata la Pastora e le mostro come sia facile da usare.

Lei vuole provare una volta e poi un'altra ancora per sicurezza.

Alla fine, dopo avere a lungo frugato dentro il borsellino e contato un mucchio consistente di monete sul

banco, decide di comprarlo. Glielo metto in una spor-
tina, le dico che ha fatto proprio un buon acquisto e le
chiedo di farmi sapere se anche a casa è riuscita a farlo funzionare.

Lei se ne va contenta, e contento è anche il babbo
che mi dice: «Sei una commerciante fatta e finita». Mi
piace vedere il babbo felice, raccolgo tutto quello che
ho sparso sul tavolo e rimetto ogni cosa nel suo casset-
tino, a parte Ontano che finisce nel cestino.

Prendo dal magazzino alcuni rotoli di nastro isolante e li sto mettendo in ordine sullo scaffale quando entra Delia. Ha le guance rosse e i capelli scompigliati, si
vede che ha pedalato con foga. Mi bacia e senza nemmeno riprendere fiato mi annuncia una notizia fantastica. Sorrido, per lei le notizie sono solo di due tipi:
fantastiche o drammatiche. «Hai presente il fratello di
Ida, Ettore, quello che suona il basso in una band? Sabato pomeriggio si esibisce al *Pirata*, il pub sul lungomare. E indovina?»

«Indovina cosa?» chiedo, cercando di suddividere il
nastro isolante per colore.

«Ida ha invitato anche noi.»

Interrompo il mio lavoro. «E chi sarebbero *noi*?»

«Sciocca, chi vuoi che siano? Siamo Cora, Amina, tu e io. Non è fantastico?»

Io non sono sicura che sia fantastico, ma sono contenta che mi abbiano invitato. Non ho mai visto una band suonare dal vivo. Magari mi piacerà.

Delia non la smette più di parlare, mi fa l'elenco di chi ci sarà fra quelli di terza, cita canzoni, canticchia, dice che devo assolutamente ascoltare i testi. Si chiede come dovremo vestirci, si rammarica che il concerto non sia alla sera, propone di mangiare una pizza tutte insieme più tardi. Intanto saltella qua e là. «Non sto nella pelle» esclama.

Il babbo si avvicina e, dopo che Delia ha comunicato anche a lui la notizia, si rabbuia un po'. Chiede chiarimenti, mi dice che in prima media Elettra non è mai andata a un concerto, ma Delia lo incalza, lo rassicura, aggiunge che ci saranno anche i genitori di Ida e allora lui si rilassa e acconsente.

Questa cosa del concerto da una parte mi mette di buonumore, dall'altra mi preoccupa un po'. Sono emozionata, ma anche impaurita: mi sento sempre così quando devo fare qualcosa di nuovo.

Ricordo che il primo giorno di scuola media Delia era eccitata, non vedeva l'ora di conoscere i compagni, gli insegnanti, sfogliava i libri nuovi come se il nostro futuro fosse scritto lì dentro. Io invece pensavo alla mia maestra, alla classe delle elementari con le piastrelle bianche e rosse, al profumo dei giacinti che crescevano nei vasi, alla bidella che ogni mattina mi faceva una carezza sulla testa, a quel grosso cespuglio nel cortile dietro cui Delia e io sparivamo per raccontarci le storie e provavo già nostalgia.

Lungo la strada per la scuola mi domandavo se la maglietta che avevo scelto per quel primo giorno fosse adatta, se il colore dello zaino non fosse troppo scuro, se anche qui mi avrebbero etichettato come una secchiona, e mi rincuorava solo la vicinanza di Delia.

Non sono mai stata a un concerto, so che ci saranno ragazze e ragazzi più grandi, che magari ci guarderanno con stupore chiedendosi cosa ci facciano lì delle ragazzine. Spero che nessuno badi troppo a noi, o almeno a me. Mi rende felice invece pensare che io e Delia ci prepareremo insieme, che ne parleremo a scuola con le Tre, che vedrò com'è fatto davvero un pub, sono curiosa di sapere se qualcuno ballerà e se la musica mi piacerà.

All'ora di chiusura esco da sola dal negozio e il babbo si ferma a fare i conti. C'è ancora luce, le giornate si sono decisamente allungate, le aiuole si stanno riempiendo di margherite e stasera il libeccio muove gli alberi del viale. Respiro gli odori mentre cammino verso casa e penso che chissà, magari questo concerto è un segno, un segno piccolo che, sommato a tutti gli altri, mi racconta che le cose non stanno mai ferme, che cambiano ogni giorno perché ogni giorno cambio io.

Mi fermo nell'ingresso di fronte allo specchio e mi guardo. Capelli castani, lisci, troppo lisci, naso troppo lungo, petto ancora piatto, però sono parecchio più alta dello scorso anno. Elettra dice che sono carina, ma io lo vedo che non è vero. Salgo le scale di corsa e mi siedo in camera davanti al computer. Resisto e non lo accendo, ma la giornata senza *L'ombra del canto* mi sembra un po' vuota.

Confessioni

Dopo avere portato la barca in mare mi siedo in spiaggia con Tullio. La sabbia è un po' umida, ma l'aria è tiepida. Negli stabilimenti si sta già lavorando per l'apertura di aprile. C'è chi ridipinge le cabine e chi sta ristrutturando il bar. Il mare, dice il babbo, fa invecchiare tutto molto in fretta e questi lavori di primavera devono riportare i Bagni allo splendore estivo. Lo dice contento perché durante i lavori di manutenzione o ristrutturazione i gestori devono rivolgersi spesso alla ferramenta.

Tullio ha avuto qualche problema a scuola, si è allenato duramente, ha trascurato lo studio e si è beccato un'insufficienza in matematica. «I miei si sono arrabbiati, hanno addirittura minacciato di farmi smettere vela.» Si passa la mano fra i capelli cortissimi e coi talloni spinge lontano la sabbia.

È raro vedere Tullio così inquieto. «Per te la vela è la cosa più importante, Tullio?» chiedo.

«Sì, certo, per te no?»

Mi fermo a riflettere, guardo il mare, qualcuno passa accanto a noi correndo. Lo so benissimo qual è la cosa più importante per me.

«No, per me no.»

«E qual è?»

Con un bastoncino scavo piccole buche nella sabbia, non ho mai confidato a nessuno qual è la cosa più importante. «Raccontare storie» dico in fretta «e scriverle. Voglio fare la scrittrice, ma tienilo per te.»

Lui è stupito, ha sempre pensato che avremmo continuato vela assieme, soprattutto adesso che dovremo gareggiare in doppio. Io mi accorgo di avere rivelato il mio desiderio proprio nel momento in cui ho rinunciato a scrivere il romanzo.

«Se vuoi chiedo a mia sorella se ti aiuta in matematica. Sabato torna a casa e poi quando è via potete sentirvi su Skype, così ti può spiegare, correggere i compiti.»

Mi dice che sta già prendendo lezioni, ma che pensa sempre alla vela. Lo capisco benissimo, so com'è essere presi da qualcosa, quasi ossessionati: Dahlia, Brando, Geneve, l'odore dei boschi, le rime dei sortilegi non mi danno tregua, si intrufolano in ogni mio pensiero e ogni mio pensiero finisce per riportarmi lì. Lo capisco bene e non glielo posso dire. «Cioè, più avanti farò la scrittrice, per adesso la vela va benissimo.»

Scuote la testa. «Per me va bene ora e anche più avanti, è quello che voglio fare: gareggiare, navigare, anche vincere. Sempre. Del resto non mi importa nulla, nemmeno della scuola e nemmeno se, come dice mio padre, così non mi farò mai degli amici.»

«Non ti interessa se non avrai amici?»

Sbuffa prima di rispondermi. «Certo che mi interessa, ma era per dire che la vela viene prima, le persone dopo.»

Ci penso un po'. Non so se sia più importante scrivere o avere amici, lo scrivere e il raccontare sono troppo legati a Delia, mi sembrano quasi la stessa cosa, e in questi ultimi giorni la prospettiva del concerto me l'ha fatta sentire molto vicina. Abbiamo scambiato chiacchiere e chiacchiere a scuola, bigliettini durante le lezioni, progetti, lunghe telefonate. Abbiamo stabilito come vestirci, come comportarci, abbiamo riso con le Tre, abbiamo ascoltato musica e ballato.

«Io non riesco nemmeno a immaginarmi di stare senza Delia.»

«Ti sembra così adesso, ma chissà fra qualche anno. Io credo che le passioni siano più importanti delle persone. Sono sicuro che fra dieci anni questa passione ci sarà ancora. Gareggerò, poi farò l'istruttore. Non so se io e te saremo ancora amici, magari te ne andrai a fare l'università lontano. Le cose cambiano, cambiano in fretta. Ma non vuol mica dire che non ci tengo a te, lo sai, vero?»

Annuisco. «Io non voglio che le cose cambino.»

Ride. «Ti dovrai rassegnare. Dai, andiamo a prenderci un gelato.»

I sospetti di Osvaldo

La mamma continua a essere triste. Tiene il capo chino davanti al piatto di polpette al sugo che il babbo ha cucinato per noi e non parla. Io cerco di godermi la cena, il babbo mi riferisce che la signora Angela è passata in negozio per ringraziarmi. Ha usato l'avvitasvita senza fatica e pensa che quelle viti ben piantate siano tutto merito mio. Io racconto dei preparativi per il concerto e di Ida che ci presenterà suo fratello Ettore. La mamma sorride, ma si vede che non mi ascolta davvero.

Come spesso succede, all'ora di cena suona il telefono. Mentre corro a rispondere sono di nuovo contenta di potermi allontanare da tavola: molto meglio i sospiri innamorati di Elettra che i mugugni della mamma. La mia aspettativa, però, viene delusa. Elettra è triste e cupa. C'è stato un litigio fra lei e Osvaldo e, mentre mi racconta i dettagli, non riesco a credere alle mie orecchie.

Osvaldo ha cominciato col dire che la storia di Geneve e Oddvar somigliava troppo alla loro, che troppi particolari coincidevano. Oddvar che rompe il fidanzamento, la bella Tuva che si precipita da lui cavalcando instancabilmente per tre giorni e tre notti non appena saputa la notizia dal messo, Geneve che li vede insieme e si chiude in una torre mettendo a guardia degli armigeri che tengano lontano Oddvar, lui che scala i muri per raggiungerla: in tutto ciò Osvaldo vede la trasposizione della loro storia d'amore.

Sospetta che l'autrice sia una delle amiche di Elettra, qualcuno con cui mia sorella si è confidata. È anche un po' irritato per i dettagli che, a suo parere, Elettra va raccontando in giro. «E sai cosa, Elide? Ho riletto tutta la storia e credo che Osvaldo abbia ragione. Ti sei accorta che nell'ultimo capitolo Oddvar, prima di partire alla ricerca del mago che può salvarla, mette al collo di Geneve un intreccio di tralci e di rose, un amuleto che ha avuto in dono dalla sua balia?»

Io ascolto senza commentare, contenta che questa conversazione avvenga per telefono e non a tu per tu. Davanti a lei sarei arrossita e forse avrebbe capito.

A telefonata conclusa mi dico che sto correndo dei rischi, che se Osvaldo si è riconosciuto in un personaggio, anche altri potrebbero trovare somiglianze e coincidenze troppo evidenti, additandomi come autrice del romanzo.

Allora anche il babbo lo verrebbe a sapere e, cosa peggiore fra tutte, la mamma. Delia, poi, si sentirebbe presa in giro, mi mostrerebbe indignata le mail sul cellulare, indicherebbe le frasi e mi direbbe: «Mi hai scritto questo e poi questo, fingendo di essere qualcun altro, io mi fidavo di te».

E non vorrebbe più essere mia amica e le Tre non mi rivolgerebbero più la parola e nessuno della scuola spenderebbe per me nemmeno un'occhiata.

È un bene che io non scriva più. Di là la mamma e il babbo stanno chiacchierando. «Laviamo i piatti insieme, mamma?»

«Certo, vuoi insaponare o sciacquare?»

Io insapono e lei sciacqua, intanto cantiamo ridendo qualche canzone di quelle che mi piacevano quando ero piccola. Quando finiamo mi racconta qualche episodio buffo o tenero di quei tempi lontani, poi mi chiede della scuola e delle amiche. Sembra quasi una mamma normale. Vorrei che fosse sempre così, vorrei una mamma che lava i piatti, che si preoccupa per la scuola e che non ha ambizioni impossibili.

Le propongo un film e per una volta accetta ed evita di rinchiudersi subito nel suo studio. Sono felice, appoggiata a lei sul divano, col suo braccio sulle spalle. Sento che la bocca non può fare a meno di sorridere.

Finisce che ci addormentiamo abbracciate. Avverto appena, nel dormiveglia, il babbo che spegne la TV e stende su di noi una coperta.

Le mie sirene cantano più forte di quelle di Ulisse

I miei buoni propositi sono svaniti in fretta. Mi sono svegliata dopo qualche ora, indolenzita, ma riposata e arzilla. La mamma dormiva ancora, le ho sistemato meglio la coperta addosso e sono salita in camera mia. Non avevo più sonno e il computer era lì che occhieggiava, quasi mi stesse chiamando. Ho tentato di resistere, mi sentivo un po' come Ulisse quando viene attratto dal canto delle sirene, ma io non avevo nessun compagno che mi legasse all'albero della nave, così ho letto un po'. Il mio sguardo tornava sempre al computer e il libro mi sembrava noioso. Insomma, non ho resistito, mi sono alzata, mi sono seduta alla scrivania e ho cominciato a scrivere.

Ho scritto evocando gli odori, come faccio spesso.

Il bosco profuma di muschio e di terra bagnata e Dahlia ricama stendardi incantati, seduta accanto al fuoco nella casupola delle Streghe Ragazze. Punto dopo punto, quei fili ora dorati, ora rosso cupo, ora splendenti di verde e azzurro, donano alla tela la capacità di richiamare in battaglia le fate.

La mente di Dahlia è confusa, sente in quel lavoro un'urgenza e un attaccamento insoliti. Si ferma solo per sorbire la ciotola di zuppa che ogni tanto una Strega Ragazza le mette fra le mani o per appoggiarsi sul suo giaciglio a lato del camino e cadere subito addormentata. Ha la vaga sensazione che non dovrebbe essere lì, ma non ricorda cosa stesse facendo, né dove stesse andando. Una delle Streghe Ragazze continua a gettare nel fuoco erbe profumate. «A parer mio, mia cara» le dice, «questo buon odore renderà liscio e veloce il tuo cucire.»

Brando intanto si lascia avvolgere dalle cure della Pastora. La neve è caduta, le pecore stanno al riparo nell'ovile ben fornito di fieno. Brando riposa su un pagliericcio, la stanza profuma di fuoco, di legno caldo e di pane, l'odore acre e dolce di stalla si mischia agli altri. Brando dorme molto e sogna. Sogna i sentieri e le battaglie, vorrebbe partire subito, ma è debole, tanto debole da non riuscire ad alzarsi. La Pastora canta piano e mentre canta tesse. Quel canto continuo culla Brando che forse non vuole nemmeno più partire.

All'alba premo invio e pubblico, poi scendo e preparo la colazione per me e la mamma: tè, pane tostato, burro e marmellata e una buona fetta di ciambella che il babbo ha cotto ieri pomeriggio prima di tornare in negozio.

Mangiamo sedute sul divano, che ha ancora l'odore caldo della mamma. È bella la mamma appena sveglia, coi capelli arruffati e in faccia la vaghezza del sonno, senza quelle rughe di concentrazione che ha spesso sulla fronte.

Esco contenta e sono ancora più contenta quando a scuola vedo il fermento provocato dalla pubblicazione dell'ultimo capitolo. Nessuno è ancora riuscito a leggerlo, ma qualcuno l'ha visto e ha comunicato la notizia agli altri.

Germano tenta di leggere sul telefono, ma la campana suona e dobbiamo entrare.

«Meno male» dice Cora camminando, «iniziavo a temere che non sarebbe mai arrivato il seguito. A mio parere, Verena ha avuto qualche problema.»

Delia si sposta i capelli dagli occhi e assicura di non avere mai avuto timore di una sospensione.

«Verena mi aveva detto che nel giro di qualche giorno il capitolo sarebbe arrivato.»

So che è una bugia, non le ho mai scritto niente del genere e constatare la sua menzogna, per quanto piccola e innocua, mi riempie di una delusione e di un dispiacere che si accende in cima allo stomaco. Poi mi sorride e mentre saliamo le scale allaccia la sua mano alla mia. Ci sediamo vicine, in fondo alla classe. La vedo maneggiare col telefono sotto il banco.

«Cosa fai?» sussurro.

«Leggo l'ultimo capitolo, non riesco a resistere.» Così legge sottovoce, in modo che possa sentire anch'io. Ogni tanto le sfugge qualche esclamazione di stupore e bisbiglia: «Troppo bello, davvero troppo bello. Hai visto? Una delle Streghe Ragazze dice "a parer mio", un po' come Cora». Si indigna per il sortilegio che tiene il suo personaggio preferito legato a quegli stendardi e a quel focolare, lontano dalle battaglie e lontano da Brando.

Lo sdegno le fa alzare la voce e la professoressa chiede: «Matteuzzi, cos'hai lì sotto?». Le ritira il telefono dicendole che dovrà venire suo padre a riprenderlo, che lo sa che i cellulari devono restare spenti in classe e che proprio non capisce cosa le sia preso.

Delia è solo irritata dal non poter terminare la lettura, in un bisbiglio si lamenta della professoressa, ipotizza come il romanzo possa procedere e ancora mi dice quanto sia eccitata per il concerto del giorno seguente.

Ha gli occhi che luccicano mentre mi stringe la mano sotto il banco, e io sono contenta.

Mentendo a Delia

La mamma, quando è molto cupa, dice che la contentezza non è cosa destinata a durare e a volte ho l'impressione che tutto quel rimuginare le permetta davvero di vedere con maggior chiarezza e lucidità.

È per questo che adesso sono qui, seduta alla mia scri-

vania, piena di delusione e di rabbia. E sto facendo una cosa orribile, anzi più che orribile, meschina. Eppure non riesco a fermarmi e provo una specie di piacere un po' cattivo nell'immaginare quello che succederà.

Prima del concerto ci siamo trovate a casa mia. Avevo invitato Delia e le Tre perché mi figuravo una di quelle situazioni da telefilm americano in cui le amiche si preparano per la festa tra risate, progetti e qualche disastro. È andata proprio così, ci siamo provate mucchi di vestiti, abbiamo riso guardando Amina che simulava la nostra entrata nel locale fra due ali di ragazze e ragazzi molto più grandi di noi, abbiamo mangiato una torta al cioccolato e abbiamo bruciato i capelli di Delia con la piastra di mia sorella.

Quando è successo mi sono sentita molto dispiaciuta. Anche se il disastro, a conti fatti, l'ha combinato Cora che maneggiava la piastra, ero stata io a suggerire di usarla. Delia ha perfino pianto un po' nel vedersi quel ciuffetto bruciacchiato sulla fronte. Aveva immaginato di muoversi fra i tavoli con eleganza mentre i suoi capelli lisci ondeggiavano a ogni passo. Ora sono proprio contenta di quell'odore di bruciato e anche di quella molletta che ha dovuto utilizzare per tenere a posto il ciuffo.

Siamo andate a piedi fino al *Pirata* e Delia si guardava in ogni vetrina per verificare lo stato dei propri capelli emettendo ogni volta una specie di guaito, ma non era troppo triste, noi lo sapevamo che era un gioco, un'esagerazione, e ridevamo tanto.

Il locale si trovava sul lungomare, scuro come la notte. Le vetrate buie stridevano con quel giorno luminoso e per un momento, vedendo il mare appena increspato, ho pensato che avrei fatto meglio a uscire in barca con Tullio.

La madre e il padre di Ida ci aspettavano sul marciapiede e siamo entrate insieme a loro. Delia mi ha sussurrato nell'orecchio che era un po' imbarazzante farsi scortare dai genitori.

In realtà dentro nessuno ha fatto caso a noi e ci siamo sedute a un tavolo ordinando succhi di frutta. Ida ci indicava ragazze e ragazzi: «Lui è Vanni, va allo scientifico, è stato alle elementari con mia sorella. Quella invece è Robby, un asso della matematica, dice sempre che prima o poi andrà al MIT».

Poi alcuni di terza si sono seduti con noi e Delia si è sentita importante. Chiacchierava con tutti, rideva, ma ogni tanto si sporgeva verso di me e mi sussurrava qualche commento nell'orecchio. Si toccava spesso la molletta perché temeva che l'orrido ciuffo si alzasse.

Stavo proprio bene, lo confesso, le mie amiche sono molto chiacchierone e io potevo rilassarmi ad ascoltare e ridere delle battute senza preoccuparmi di intervenire.

Con l'inizio del concerto le cose sono cambiate ed è questo il motivo per cui sono qui davanti al computer a denti stretti a ordire quella che si configura come una vendetta, una meschina vendetta, una meschina, soddisfacente vendetta. Scrivo:

Cara Delia,

ti ringrazio per la tua ultima lettera, come sempre piena di apprezzamenti per il mio romanzo. Mi chiedi se la malattia di Geneve sia causata dal raffreddore o da un maleficio e ti domandi se i poteri del mago che Oddvar è andato a cercare siano sufficienti per salvarla. Ti confesso qui, ora, che le tue preoccupazioni hanno un senso. Lo sai, te l'ho già detto più volte, mi succede che i personaggi prendano il sopravvento, oppure che gli eventi si srotolino in modi che non avevo previsto. Purtroppo è successo questo e ti comunico, con grande dispiacere, che nulla ha potuto il mago. Geneve si è spenta fra le braccia di Oddvar.

Ti prego, mia cara Delia, di non essere troppo triste per questo, perché si tratta in realtà di una svolta narrativa importante. Entrerà in scena, infatti, la fata autrice del maleficio. Messa alle strette, confesserà che il sacrificio della ragazza era necessario al realizzarsi di un'antica profezia secondo cui la morte di una fanciulla avrebbe salvato i regni dall'Ombra oscura che scende al Nord. La fata, per un motivo che qui non posso ancora rivelarti, sacrifica Geneve, ma questo le permetterà di liberare Brando e Dahlia dai sortilegi in cui sono imprigionati.

Ecco, ti ho detto tutto, a parte un particolare che ti svelerò più avanti. Mi fa piacere, sai, discutere con te del prosieguo della storia, ma ti prego come sempre di non raccontare a nessuno le anticipazioni che ti do.

Un abbraccio

Verena

Slegare sortilegi e ordire ripicche

La prima canzone è filata via liscia, e il nostro gruppetto ascoltava muovendo la testa e i piedi sotto il tavolo. Alla seconda alcuni ragazzi grandi si sono alzati e hanno iniziato a ballare davanti al cantante che strillava nel microfono una cover che sembravano conoscere tutti tranne me, e io ho cominciato a desiderare di essere davvero uscita in barca con Tullio.

Alla terza canzone è successo il disastro. Cora ha detto: «Andiamo anche noi?» e tutti si sono alzati per seguirla su quella che ormai si era trasformata in una pista da ballo.

Delia, quando ha visto che rimanevo seduta, ha tentato di convincermi, ma io proprio non me la sentivo. Un conto è ballare nella propria camera, magari insieme alle amiche, un altro è scatenarsi in mezzo a tutti quei ragazzi e a quelle ragazze: se solo avessi pensato che qualcuno mi stava guardando non sarei riuscita a muovere nemmeno un dito.

«Dai, torno presto» mi ha detto Delia con un sorriso andando verso il gruppo. Non è tornata presto e ha fatto bene. Li osservavo e la vedevo contenta, accaldata e contenta. Io sono rimasta lì immobile. Già così sarebbe stato abbastanza imbarazzante, poi la mamma di Ida si è avvicinata per accertarsi che stessi bene e si è seduta accanto a me, cercando di intrattenermi.

In quel locale gremito di ragazzi saltellanti ero l'unica seduta a un tavolo con un adulto. Negli attimi in cui la madre di Ida taceva, dentro la mia testa correvano similitudini. "Sono come uno in spiaggia d'estate col cappotto" mi dicevo. "Come una gallina in una tana di volpi, come una rotella di liquirizia in una ciotola di orsetti gommosi, come il sesto dito di una mano, come un abete in un bosco di querce, come un gatto a un raduno di cani." Era una situazione imbarazzante e credo che sia stato questo disagio protratto per un'ora intera a mettermi di cattivo umore. È vero che ogni tanto Delia si avvicinava per vedere come andava, ma questo concorreva, nonostante apprezzassi le sue buone intenzioni, a farmi sentire terribilmente fuori posto.

Non dovete fraintendermi, non è che pretendessi che Delia stesse accanto a me, sapevo che era giusto così, era piuttosto con me stessa che ce l'avevo, e glielo avrei raccontato, l'avrei ringraziata per tutte le volte che mi si era avvicinata con un sorriso e una parola, le avrei detto che avevo fatto un errore andando al concerto, che, semplicemente, ognuno di noi ha cose che ama fare e altre che non gli corrispondono.

Questo le avrei detto se ne avessi avuto l'occasione, se nel percorso verso la pizzeria il gruppetto vociante che ci attorniava non ci avesse impedito di chiacchierare, se lei non fosse stata tanto sorridente e contenta ed eccitata. Non smetteva mai di dire: «Che concerto fantastico» e ogni volta vedevo dieci punti esclamativi a fine frase.

Questo le avrei detto se in pizzeria, nella fretta di accaparrarci i posti, non fosse finita vicino a Cora e io non fossi stata costretta a sedere accanto a due di terza che non mi avevano mai rivolto la parola e che speravo continuassero a ignorarmi.

Da lontano Delia mi ha inviato un gesto di scusa e io ho sorriso, come a dire che non importava. Invece importava eccome. Quello di terza alla mia destra era molto gentile e mi ha fatto un sacco di domande. A ogni domanda sentivo il viso infiammarsi, la mente svuotarsi di qualsiasi idea e la bocca di ogni parola.

Il frullio continuo che ho in testa mentre scrivo, tutte le frasi, le considerazioni, i pensieri, se n'erano andati, lasciando il vuoto completo.

Ma il ragazzo, Mario si chiamava, non ha desistito e mi ha raccontato di sé, di aneddoti buffi di scuola, del suo cane e in qualche modo gliene sono stata grata. Ma è stata una serata orribile e quando, sulla strada del ritorno, Delia mi ha detto per la centesima volta: «Che serata fantastica» e poi ha aggiunto sorridendo:

«Ho visto che hai fatto conquiste, Elide, quel Mario non si staccava da te. Anche tu hai avuto una serata più che fantastica».

Io ho avvertito questa inedita insensibilità della mia amica, la sua incapacità di accorgersi del mio disagio, ma ho sorriso e ho iniziato a ordire questa ripicca, che in realtà era molto semplice.

Ero sicura che prima di dormire Delia avrebbe letto la mail di Verena Moomin e il lunedì avrebbe diffuso le notizie sugli sviluppi della trama a tutta la scuola. Io mi sarei limitata a scrivere un capitolo diverso dalle anticipazioni che le avevo dato. Non avevo mai avuto nessuna intenzione di far morire Geneve. Avevo sempre pensato che Oddvar avrebbe incontrato, camminando per le terre arse alla ricerca del mago, una fata potentissima. Io sapevo che questa fata era la madre di Geneve, costretta a lasciarla fin dalla nascita, perché in quelle lande si sospettava che il legame di un uomo con una fata potesse produrre dei mostri, ma non l'avrei rivelato, per ora. Né ai personaggi né ai lettori.

La fata avrebbe dunque rivelato a Oddvar una profezia nascosta in un canto e guidato i suoi passi verso il

Picco Rosso, dimora del mago. Il mago, che aveva letto nelle braci la condizione di Geneve, avrebbe legato la contromaledizione a una corona di rametti di quercia e agrifoglio che, posata sul capo biondo, sarebbe riuscita ad annullare il sortilegio.

Un tiro mancino

È andato tutto come previsto e non ne sono affatto felice. Delia si è data un gran daffare per dire a tutti, ma proprio a tutti, della morte di Geneve.

«Davvero?» le chiedevano. «Sei sicura?»

Lei rispondeva che certo, era sicura, l'autrice glielo

aveva scritto chiaro e tondo. Le aveva rivelato della fata potente, dell'impossibilità del mago di salvare Geneve, della morte della fanciulla tra le braccia del suo amato. Gli altri ascoltavano straniti e sempre impressionati dalle attenzioni che la scrittrice riservava alla mia amica.

Delia non parla con modestia di questo rapporto epistolare privilegiato, anzi: si vanta un sacco, ed è arrivata perfino a dire che lei e l'autrice un giorno si incontreranno, che la proposta è giunta proprio dalla scrittrice, la quale vuole conoscere questa giovane lettrice così attenta.

Naturalmente io so benissimo che è una bugia. Verena Moomin non proporrà mai una simile possibilità, semplicemente perché Verena Moomin non esiste.

In molti a scuola vorrebbero essere al posto di Delia. Le dicono: «Ma che fortuna» e anche: «Chissà perché risponde così solo a te». Immagino che se lo chieda anche lei, ma gestisce molto bene la cosa con sorrisi e ammiccamenti, vantandosi delle sue capacità di lettrice.

«Credo» l'ho sentita dire a un gruppetto davanti al cancello della scuola «che Verena apprezzi la mia lettura attenta. Sapete, io presto attenzione a ogni dettaglio, e questo per uno scrittore è proprio importante.»

Gli altri annuivano e io tacevo. In realtà, mentre scrivo, la cosa a cui dedico maggiore attenzione è l'atmosfera. Voglio che chi legge si senta avvolto da un clima, da sensazioni fisiche che lo portino dentro la storia. I dettagli servono solo a questo scopo.

Ancora una volta il pavoneggiarsi di Delia ha avuto la meglio sul mio buonsenso e sulla mia lealtà. Insomma, alla fine ho postato la versione diversa dalle sue anticipazioni.

A mia discolpa posso dire che me ne sono pentita non appena ho schiacciato il tasto d'invio.

La situazione non sarebbe forse diventata così grave se a scuola non ci fosse un gruppetto di ragazze di seconda invidiose della popolarità che Delia ha guadagnato grazie al rapporto privilegiato con la scrittrice.

Il giorno dopo aver postato il capitolo, l'ho trovata nel cortile della scuola insieme a loro. La vedevo gesticolare da lontano. Mi sono avvicinata e ho sentito, ancora prima di arrivare, le accuse che le muovevano. «Sei una bugiarda, ti inventi tutto, non è vero che la scrittrice è tua amica.»

Dalle risposte di Delia si capiva che ancora non aveva letto il nuovo capitolo. «Se non sei bugiarda, com'è che non ci mostri mai le mail della tua amichetta Verena?»

Io lo sapevo benissimo perché non le mostrava. Delia tende ad abbellire le cose che le scrivo, ad amplificare la portata del rapporto e ad aggiungere commenti sulle sue qualità di lettrice che io non metto mai.

Mi si è stretto il cuore a vederla lì accerchiata ed è stato un sollievo l'arrivo delle Tre, che sono riuscite a trascinarla in un altro angolo del cortile.

«Com'è potuto succedere?» ha chiesto Amina preoccupata.

«Succedere cosa?» Delia continuava a non capire.

Allora Ida ha spiattellato tutto con parole calme, piene di apprensione e premura che mi hanno fatto pensare che forse le Tre tengono alla mia amica molto più di me.

Gli occhi di Delia diventavano sempre più grandi. Diceva: «Non è possibile» e aggiungeva: «Mi ha scritto che Geneve moriva e anche della fata potente che era causa della sua morte».

«Be', la fata potente c'è lo stesso» tentava di consolarla Cora. «A mio parere Verena Moomin ha deciso di esplorare due trame diverse, vedrai. Sarà un esperimento, porterà avanti due versioni: una che parte dalla morte di Geneve e una che prevede la sua sopravvivenza.»

Delia batteva i piedi a terra. «No, no, no» diceva, «mi

ha fatto fare una figura pessima, ora nessuno crederà più alle cose che racconto.»

Le Tre assicuravano che da lì a tre giorni tutti si sarebbero dimenticati dell'episodio. Io mi sentivo davvero meschina e non provavo in cuore quella soddisfazione che mi ero aspettata.

Le loro previsioni e le loro speranze hanno trovato sia conferme che smentite. In effetti, dopo un paio di giorni, la vittoria alle Olimpiadi di matematica della squadra della scuola ha calamitato l'interesse di tutti, e la notizia che Amanda della seconda H usciva con uno di terza liceo ha distolto completamente l'attenzione da Delia e dalle sue presunte menzogne.

Com'era prevedibile, invece, Verena Moomin non aveva nessuna intenzione di sperimentare due linee diverse nella narrazione dell'*Ombra del canto*.

Le ombre, peraltro, si addensavano anche sulla mia testa. Delia continuava a essere triste e si chiedeva se dovesse protestare con la scrittrice per quello che definiva "un tiro mancino". Attendeva speranzosa una mail di scuse da Verena Moomin e non sapeva che l'autrice era davvero troppo abbattuta per trovare le parole che giustificassero ciò che aveva fatto.

Io rimuginavo pensieri orribili sul mio conto, mi sentivo cattiva, volevo confessare: la trappola della bugia che ormai sostenevo da settimane mi si stava stringendo attorno.

Non sapevo che il peggio doveva ancora arrivare.

Odio Verena Moomin

Inizio a odiare Verena Moomin.

Secondo me è colpa sua se la gara in doppio con Tullio è stata un fallimento.

Lui era ottimista, lo sa che insieme siamo una forza. Il tempo non giocava a nostro favore. Siamo scesi in mare con un vento che soffiava ad almeno venti nodi da nord-ovest e con onde alte mezzo metro.

Io ero distratta, timorosa di non soddisfare le aspettative di Tullio. Ho sbagliato tutto quello che potevo sbagliare. Ero bagnata, avevo freddo e gli occhi pieni di sale. Non abbiamo girato correttamente la prima boa e la seconda non l'abbiamo nemmeno vista.

Tullio urlava, mi incitava, ma poi l'ho visto spegnersi e perdere grinta. Siamo finiti decimi, proprio noi che arriviamo sempre tra i primi tre.

Ho notato lo sguardo preoccupato del nostro istruttore. Tullio non mi ha dato colpe, ha parlato del mare, delle onde, della necessità di allenarci di più. In fondo, ha aggiunto, era la prima volta che gareggiavamo in doppio.

So che ha voluto essere gentile. Negli altri pomeriggi, quelli di allenamento, le cose erano andate molto meglio ed eravamo speranzosi. Tullio se n'è poi andato senza aspettarmi, Delia non era sul molo perché, a causa del raffreddore e di qualche linea di febbre, la madre l'aveva costretta a stare a casa.

Ho mangiato una piadina da sola, seduta sul muretto, e a un tratto ho sentito arrivare le lacrime. Ne sono scese tante, ma il sasso che mi premeva sotto lo sterno non se ne è andato. Poi ho pedalato in fretta verso casa, spingendo forte sui pedali. Sentivo l'asfalto del viale scivolare via liscio e le foglie dei platani frusciare lassù in alto, molto al di sopra della mia testa. Era un frusciare fatto di onde e primavera, si sentiva già l'odore dei fiori mischiato a quello del mare e del sale.

A casa il babbo voleva consolarmi, ma non ero proprio in vena, così mi sono liberata di abbracci e buone parole e mi sono chiusa in camera, come la mamma. Mi sono anche chiesta se non avessi ereditato da lei questo umore cupo, questa capacità di disseminare infelicità.

Ho quasi gridato quando ho aperto la posta di Verena. In fila, proprio lì davanti a me sullo schermo, fra le altre, spiccavano quattro mail: una proveniva da Elettra, una da Delia e, quasi non ci potevo credere, le altre due dai miei genitori.

Ho preso un bel respiro prima di aprirle. Ho iniziato con quella che giudicavo meno pericolosa. Mia sorella aveva scritto solo quattro parole, lapidarie, a lettere maiuscole. HO SCOPERTO CHI SEI.

Quella di Delia era invece una lunga lettera lacrimosa in cui raccontava il suo stupore per l'uscita di quel capitolo così diverso da quanto le avevo raccontato nell'ultima mail. Non accennava, naturalmente, alla figura barbina che aveva fatto di fronte a tutta la scuola. Verena si era più volte raccomandata di non diffondere le informazioni ed era stata lei, Delia, in qualche modo, a costruire le premesse di quella che chiamava la sua rovina.

Ho atteso un poco prima di aprire quella della mamma: mi aspettavo una disamina feroce del romanzo – bello, eh, disamina feroce? L'ho sentito alla radio, quella che ascolta la mamma e me lo sono segnata per poterlo usare all'occorrenza –, ma la mia famiglia, diciamocelo, non è quasi mai prevedibile.

Gentile Verena, scriveva la mamma, *sono in qualche modo una sua collega. Ho avuto un discreto successo con un romanzo, cinque anni fa. Forse lo ricorderà, si intitola* La sedia di Arianna. *Da allora non sono riuscita più a scrivere niente di interessante. È come se fossi intrappolata dentro quella storia, non posso uscirne.*

Mi sottopongo a una ferrea disciplina, trascorro ogni giorno otto ore al computer. Ammucchio incipit, tentativi di sinossi, descrizioni, appunto idee e intuizioni, leggo i quotidiani alla ricerca di una storia che possa accendere in me una scintilla, quella scintilla da cui so che possono nascere le storie migliori.

Le confesso che invidio il suo successo, la sua capacità di im-

bastire ogni giorno quel romanzo che avvince migliaia e migliaia di lettori. La ammiro molto.

Ha saputo costruire una storia che può essere amata da un pubblico giovane e meno giovane. Usa una lingua semplice, accessibile, si avvicina al fantasy con rispetto e utilizza tanti elementi di fiabesco che apprezzo e che risultano molto evocativi. Anche l'articolazione della trama, o forse dovrei dire delle trame, mi sembra condotta con maestria, ci sono fili irrisolti, non ci sono orpelli inutili.

Amo molto il suo romanzo, l'avrà capito, i suoi personaggi sono costruzioni essenziali, sostanziate più da azioni e relazioni che da descrizioni.

Leggerla mi ha fatto pensare che forse dovrei lasciar perdere. Capisco, ogni volta che affronto un suo capitolo, che lei è davvero interessata alle vicende che racconta, che prova compassione per i suoi personaggi, che riesce a evitare con leggerezza quegli intenti didascalici in cui incappano molti romanzi, non solo fantasy.

La ringrazio, dunque, cara Verena, non solo per il piacere che provo a leggerla, ma anche perché mi ha permesso di riflettere molto sulle mie capacità di scrittrice.

Avrei preferito non leggere le parole della mamma. Non potrò mai rivelarle che dietro Verena Moomin si cela la sua figlia minore. Il sasso sotto lo sterno pesava sempre di più e sono stata indecisa se aprire o no la mail mandata dal babbo. Ho pensato anche che la mamma era stata coraggiosa a scrivere quella lettera, ad accettare il fatto che il romanzo di Verena avesse alcune qualità che il suo non possedeva.

Mi sono detta che dovevo bere fino in fondo l'amaro calice – queste due parole insieme stanno proprio male, la mamma nel suo libro le aveva usate – e leggere anche la mail del babbo.

Lui è spiccio quando scrive. Diceva a Verena che aveva molto apprezzato il suo romanzo e che era lieto per il successo strepitoso che stava avendo. Raccontava che lo leggeva di nascosto perché aveva una moglie scrittrice, una scrittrice in crisi, sottolineava, e non desiderava ferirla confessandole la sua passione per *L'ombra del canto.*

Chiudeva sperando che l'autrice apprezzasse le sue lodi anche se venivano da un commerciante. Le augurava moltissima fortuna e si augurava, però, che nessuna delle sue figliole desiderasse fare la scrittrice, perché nella nostra casa quel mestiere non portava gioia.

L'ho letta più volte chiedendomi perché il babbo avesse scritto. Ho concluso che anche lui soffre per questa fissa della mamma e forse non ha nessuno a cui confessarlo. Con me ed Elettra cerca sempre di minimizzare i malumori, le tristezze e le delusioni della mamma, e non credo nemmeno che desideri confidarsi con Renato e Giovanni, che sono i suoi amici da quando tutti e tre erano bambini e giocavano insieme a basket.

Il fatto che si rivolga a un'estranea pur di poterne parlare rende evidente che questa cosa lo fa soffrire. "In trappola" mi sono detta, "sono in trappola." Non potrò mai rivelare a nessuno di essere l'autrice del romanzo.

Delia si sentirebbe presa in giro e tradita, Elettra non mi perdonerebbe di avere praticamente raccontato al mondo la sua storia d'amore, la mamma non sopporterebbe di avere in famiglia una scrittrice che riscuote più successo di lei e il babbo sarebbe distrutto nell'apprendere le mie vere aspirazioni.

Ho chiuso la posta e ho aperto il file del romanzo. Ho scritto di bugie e omissioni. Ho raccontato di come il padre di Geneve le avesse celato le sue vere origini, di come Brando nasconda anche a se stesso l'affetto che sta iniziando a provare per la Pastora, di come Oddvar stia tramando con alcuni duchi dei territori dell'Ovest per impedire a Brando di procedere verso i confini del Nord. Ho messo sullo schermo, una parola dopo l'altra, l'ira del padre di Oddvar nello scoprire la sua intenzione di essere cantore e poeta e il grido con cui ripudia il figlio. Poi me ne sono andata a letto e, con la testa sotto le coperte, ho pianto.

Rivelazioni

Io e Tullio, soprattutto adesso che la primavera sta arrivando, non riusciamo a stare lontani dal mare. Quindi non sono stupita di trovarlo seduto sullo scoglio in fondo al molo, quello che il faro copre alla vista.

Il mare è leggermente increspato. La brezza profu-

ma di sale. Devo ricordarmi di mettere questo odore nel romanzo.

Tullio indica la brezza facendo un gesto vago verso l'alto con la mano. «È garbino» dice sorridendo. «Lo scirocco se n'è andato.»

Mi siedo accanto a lui. «Mi dispiace per la gara di domenica» mormoro. «Lo so che è colpa mia.»

Alza le spalle. «Non importa, ci rifaremo. Ci rifaremo quando tornerai in te.»

«In me?» chiedo.

«Sì. In questo momento non sei la Elide che conosco.»

Apro la bocca per rispondere, ma me la chiude con la mano.

«Non voglio sapere niente. Credo che mi racconteresti un mucchio di bugie. Non dire nulla. Io e la barca aspettiamo che tu torni.»

«Tullio, vorrei che tutto fosse facile come navigare.»

«Puoi fare in modo che lo sia, no?»

Mi appoggio a lui e guardiamo il mare. Sento l'aria in faccia e il respiro di Tullio dà ritmo a ciò che penso. Il mare è pieno di luccichii.

Non so se riuscirò a disfare il garbuglio che ho provocato. Sono tentata di confessargli tutto, ma me ne sto in silenzio. Sto bene qui. Davanti a noi c'è solo l'azzurro. Dopo un po' mi spinge con la spalla. «Ehi, non diventerai mica triste e riflessiva?»

Ride e rido anch'io.

«Gelato?»

«Gelato.»

Nei giorni seguenti provo a pensare al pasticcio che ho combinato come se si trattasse di aggirare una boa o di condurre la *Rs Feva*, che è la barca che usiamo adesso io e Tullio, su un mare cattivo.

Parlare con lui mi ha rasserenato. Inizio quasi a credere che forse non devo preoccuparmi così tanto. Forse se dicessi al babbo che ci sono degli editori che vogliono pubblicare il mio romanzo ne sarebbe contento: sempre di commercio si tratta.

Prenderebbe accordi al posto mio, potrebbe accompagnarmi agli incontri, aiutarmi nei rapporti coi giornalisti, io mi sentirei sollevata e la mia coscienza potrebbe finalmente riposare.

Potrei proporre alla mamma di scrivere un libro insieme, questo forse la toglierebbe dall'empasse in cui si trova da anni.

E Delia, magari, sarebbe lieta di sapere che quel romanzo ormai famosissimo, di cui parlano la stampa, i blog, la radio e la TV, è stato scritto proprio per lei. Sono sicura che racconterebbe la storia ai giornali.

Scopro anche che negli Stati Uniti c'è qualcuno che in un blog traduce in inglese ogni capitolo a mano a mano che lo pubblico. Mi sento molto importante, fuori il cielo è azzurro, le gemme sono gonfie sugli alberi, i gatti miagolano d'amore nei giardini.

Mi sembra che tutto vada per il meglio finché Elettra, di nuovo senza preannunciarsi, entra in casa come una furia. Sale le scale di corsa ed entra senza bussare nella mia camera. Faccio appena in tempo a chiudere Webplot.

«Lo sapevo» grida. «Lo sapevo.»

Mi ha scoperto. Prima provo terrore e mi accascio sulla sedia. Poi il terrore si tramuta in panico e mi devo alzare in piedi. Elettra continua a urlare, non ascolto nemmeno più quello che dice, ma improvvisamente il panico si trasforma in sollievo.

Sono libera, succeda quel che succeda sono libera, adesso Elettra lo sa e lo dirà a tutti.

«Elide? Ma mi ascolti? Ti sto dicendo che Verena Moomin è nostra cugina Paola.»

"Paola?" penso. "Ma se non riesce nemmeno a coniugare i congiuntivi."

«Cosa ne dici? Credi che sia possibile?»

«Non so» rispondo, di nuovo oppressa dal mio segreto. «Elettra, scusa, devo uscire, e no, secondo me è impossibile che sia Paola. Ricordi? Lo scorso anno è stata rimandata in italiano.»

Corro fuori lungo la stradina, attraverso la piazza e mi precipito nel viale costeggiato di platani. Corro fortissimo per arrivare in fretta al negozio del babbo. Non riesco più a tenere il segreto, voglio che questo sasso sotto lo sterno se ne vada. Voglio che ci sia un adulto che mi sgridi, ma poi mi dica cosa devo fare.

Improvvisamente mi accorgo di essere stata molto sola in questi ultimi mesi. Famosa e sola. Mi aspetto che il babbo urli, che mi punisca, che mi imponga di non scrivere più e sono pronta ad affrontare tutto questo.

Entro in negozio e lui mi guarda stupito. Devo avere una faccia terribile.

«Cosa c'è, Elide? Ti senti bene?»

«Devo dirti una cosa, babbo.»

Appende il cartello TORNO SUBITO, chiude la porta e ci ritiriamo nel retro.

«Babbo, hai presente il romanzo, quello tanto famoso?»

«*L'ombra del canto?*»

«Sì, quello. Be', l'autrice sono io. Babbo, mi dispiace, so che non avrei mai dovuto farlo. Hai ragione se ti arrabbi, me lo merito.»

«Dici davvero, Elide?»

«Giuro, dico davvero.»

Sono pronta a vedere la rabbia montare sul suo volto. Ma lui si porta una mano alla fronte, scuotendo la testa.

«Babbo?» Mi avvicino, ma lui mi allontana con la mano. È molto peggio di quanto mi aspettassi. Senza pensare attraverso il negozio ed esco in strada, corro, di nuovo corro fortissimo lungo il viale e poi sul lungomare, e continuo a correre sulla sabbia.

Il mare e il babbo sistemano ogni cosa

Mi fermo solo quando vedo laggiù, vicino al molo, Tullio chino sulla barca. La sta preparando. Lo raggiungo. «Accidenti che faccia brutta che hai» mi dice. «Quel che ti ci vuole è un po' di mare.»

Entro al circolo e ne esco con addosso la muta, la giacca a vento e i calzari.

Tullio mi sorride. Il vento soffia dal mare. La randa è rizzata. Spingiamo in acqua il carrello, Tullio lo sfila da sotto la barca e lo riporta a riva. Poi, mentre io tengo la prua, sale a bordo e abbassa il timone e la deriva.

Questi gesti che abbiamo compiuto mille volte mi tranquillizzano. Il respiro riprende un ritmo normale. Spingo la barca e appena inizia a prendere velocità salto dentro.

Tullio molla la scotta del fiocco sopravento, prendiamo la rotta. E poi non so più quello che succede, perché Tullio, il mare, la barca e io siamo una cosa sola, che non ha bisogno di parole né indicazioni. Tengo la scotta in mano, mi sporgo dallo scafo e piango.

Tullio si gode il vento, girare le boe sembra facile come camminare e respirare. Il mare sono io e proprio lì dove stava il sasso, sotto lo sterno, c'è solo un ciottolo di gratitudine.

C'è un sacco di luce e navighiamo a lungo, come se non volessimo mai smettere.

"Ecco" penso, "solo questo voglio fare", ma lo so che non è vero.

Mentre rientriamo vedo sul molo una figura con addosso un maglione verde. Conosco bene quel maglione, è il preferito del babbo e lo porta spessissimo.

Quando siamo vicini alla spiaggia scendo dalla barca e Tullio mi dice: «Vai, non ti preoccupare, qui faccio io».

Cammino piano verso il babbo. Quando sono vicina ci guardiamo, poi lui apre le braccia e mi stringe, anche se ho la muta addosso, anche se sono bagnata e fredda. «Elide» mi sussurra, «sono così fiero di te.» Mi sorride e io scoppio di nuovo a piangere. «Vai a cambiarti, su» dice spingendomi verso il circolo. Le lacrime continuano a scendere anche mentre mi cambio, ma questa volta è il sollievo che mi fa piangere.

Faccio un cenno a Tullio che sta lavando la barca e poi io e il babbo camminiamo abbracciati lungo la riva. Gli racconto tutto, di come ho cominciato, delle notti passate a scrivere, delle richieste dei giornalisti e di quelle degli editori, della traduzione americana, delle migliaia di commenti e lettere che ricevo. Lui ascolta e annuisce. «Adesso ci vuole calma» suggerisce, «vediamo cosa è più giusto fare. E, senti, per ora eviterei di dirlo alla mamma, e anche a Elettra. Teniamola solo per noi questa cosa e intanto cerchiamo il modo di rivelarla senza causare troppi danni.»

Raccolgo un bastone e lo trascino. Lascia una linea lunga dietro di noi.

Non dovrò più scrivere di notte. Il babbo mi concede due ore di giorno, al pomeriggio, per fare la scrittrice, se i miei voti a scuola continueranno a essere buoni.

Mi viene da protestare: con solo due ore al giorno il romanzo rallenterà terribilmente, ma poi sorrido e sto zitta. Era proprio quello che volevo, che qualcuno prendesse le decisioni al posto mio. Il babbo mi dice anche che dovrò pensare unicamente a scrivere il romanzo. Della corrispondenza e dei rapporti con i lettori si occuperà lui.

Il masso sotto lo sterno, che la corsa in barca aveva già ridotto a un ciottolo, si è sbriciolato. Saltello accanto al babbo. Lo bacio.

Camminiamo lenti per le strade, fino a casa.

Sui gradini – le sento ridere e chiacchierare già dall'inizio della via – sono sedute Delia e le Tre. Mi corrono incontro, eccitate, per invitarmi a un nuovo concerto sabato sera. Le ringrazio ma dico: «Ho una gara domenica mattina, sabato andrò a letto presto».

«Che peccato» dice Cora, «magari veniamo a vedere la gara.»

«Sì» aggiunge Delia. «Poi mangiamo tutte insieme le piadine al baracchino.»

Mi abbracciano e si incamminano. Io le guardo: la mia vecchia amica e le nostre nuove amiche che mi salutano da lontano.

Forse ha ragione Tullio: per crescere bisogna lasciare che le cose, anche quelle belle, cambino.

Indice

Nicoletta Gramantieri

È responsabile della Biblioteca Salaborsa Ragazzi a Bologna.
Quando era bambina la biblioteca del suo paese era aperta poche ore e solo per tre giorni la settimana. A volte non apriva neppure e lei stava un sacco di tempo fuori dalla porta a sperare che arrivasse il maestro che se ne occupava.
Forse per questo oggi fa la bibliotecaria.
Leggere è la cosa che ama di più al mondo, ma anche scrivere non le sembra che sia male.
Come Elide non sopporta i punti esclamativi e i puntini di sospensione.